孝経《こうきょう》

竹内弘行

本書は、タチバナ教養文庫のために、全文の現代語訳、及び訳注されたものです。

はじめに

「身体髪膚《しんたいはつぷ》、これを父母に受く、あえて毀傷《きしょう》せざるは、孝《こう》の始めなり」、「それ孝は、天《てん》の経《けい》なり、地《ち》の義《ぎ》なり、民《たみ》の行《こう》なり」、「天地《てんち》の性《せい》、人を貴《たっと》しとなす」、「戦戦兢《せんせんきょう》 兢《きょう》、深淵《しんえん》に臨《のぞ》むがごとく、薄氷《はくひょう》を履《ふ》むがごとし」などなど、『孝経《こうきょう》』に見える有名な言葉は、数多いので、聞いたことがある人や記憶されている方もおられるであろう。

この『孝経』という書物は、短文で全十八章（別に二十二章の本もある）、全文約千八百字からなり、かつては一家に一冊ずつおかれた。例えば、中国の唐代、天宝三年（七四四）の 詔《みことのり》 や日本の奈良時代、天平宝字元年（七五七）の勅《ちょく》などにその命令がみえる。実際にそのとおりにできたかどうかは不明であるが、事実、坂上田村麻呂《さかのうえのたむらまろ》が岩手県に築いた胆沢《いさわ》城跡から漆紙文書《しっしもんじょ》として『孝経』の断片が出土しているのである。ただ、通常は子供の必読書だった。また、時代によっては、仏典のように皆で念誦《ねんしょう》しあったこともあったし、棺に遺体とともに『孝経』一冊を納めて、死後の安寧《あんねい》を願ったこともあった。

というのも、『孝経』には、「敬《けい》を致《いた》さば、鬼神《きしん》あらわる」、「孝悌《こうてい》の至《いた》り、神《しん》明《めい》に通《つう》ず」という文句もあり、『観音経《かんのんきょう》』の有名な一句「念彼観音力《ねんぴかんのんりき》」のように超能力をよぶ信仰とよくにた信頼がよせられていたからだ。

そもそも「孝」とは、中国古来の道徳観念のひとつであった。その字形は、老人の「老」の下に「子」を置いたもので、子が老いた親たちを支えて孝養をつくすことをいうにすぎなかった。

子が孝養をつくすことを「孝行《こうこう》」といい、ここに道徳の根拠をおいて「仁《じん》(愛)」の始まりとしたのが孔子であり、彼の組織した「儒教《じゅきょう》」はやがて東洋世界の人間道徳の教えとして普及したのは、周知の通りである。

『孝経』は、この孝行について、孔子が弟子のひとりに説明した体裁《ていさい》をとるものである（著者とその伝承については、巻末の解説を参照されたい）。その成立には不明な点が多いが、今から二千年前の漢代には、儒教の五経と同じ権威をもって、東洋社会の家族道徳の原典として、前に述べたように長い間、大きな影響力をたもった。

だが、近代社会は、家族よりも個人を重視して、老人の面倒は、社会福祉にゆだねておき、孝行も無用で時代おくれ、『孝経』も封建時代の遺物《いぶつ》とされて、ほとんど人々から顧みられなくなっていた。

その結果であろうか、現代社会は、親子関係が希薄《きはく》化し、かつて自由を謳歌《おうか》した核家族に、皮肉にも少子高齢化の波がおしよせている。離婚家庭や独居世帯《どっきょせたい》がふえて、老いて子のいない高齢者には、虎の子の年金も目べりするばかりだ。年金制度の改革にも、若い働き手の急減により、財源不足におちいりその先がみえない。老後の心配は老人だけでなく、若者の将来をも暗くしているのだ。

かつて中国を中心にしたアジアの儒教文化圏では、自然的血縁集団《けつえんしゅうだん》である「家」という社会単位が確固として存在し、その中心にある親子関係が「孝」という概念で緊密に結び合わされていた。それが社会的集団の紐帯《ちゅうたい》としての「忠《ちゅう》」という規範に拡大され、君臣上下《くんしんじょうげ》の社会関係をとりむすび、その安定をはかると考えられた。

いまこの民主主義の世に、封建的な君臣上下の秩序化《ちつじょか》が必要だと言うのではないが、人間が人間であるための意味は、親は親として、子は子として、その存在を自覚して行動することではなかろうか。そうすれば、それが家族という母体からうまれ、家族を構成する家という繋《つな》がりに行きつき、ここが心の拠《よ》り所《どころ》となることに気付くだろう。

つまり「家」という単位の重要さ、特に出産の母体としての家族の価値は十分に見直すに値しよう。さすれば、親子の絆《きずな》を固《かた》めて、やすらぎが得られ、やがてはその再生としての出生も促《うなが》されて、子供の数も上向くかもしれないのである。そのためにも、かつてこの家を支えてきた「孝」の思想はどんな内容だったのか、虚心《きょしん》に振りかえり、その原点を考えるべきではないだろうか？

ここに、その『孝経』を訳出して、読書界に提供するのは、二千年も前に出現したこの書が、現代社会の歪《ゆが》みを認識させ、その解決のためのヒントを提供している可能性は十分にあるとおもうからである。いたずらに現代社会の暗黒面を嘆くのではなく、光明に向かう手がかりとされれば幸いである。

竹内　弘行

孝経　目次

（凡例）

●現代語訳は、唐《とう》の玄宗《げんそう》による「御注《ぎょちゅう》」を用いて、分かりやすさをむねとし、難しい漢字の読みにはルビをふった。

●訳注は、＊1、＊2、で示して、主に字義とその根拠を説明してあるが、まま関連事項にもふれた。

●原文《げんぶん》は、冨山房《ふざんぼう》・漢文大系本『今文孝経《きんぶんこうきょう》』を基にして、注疏本《ちゅうそほん》などの諸本を参考にした。

●原文の表記は繁体字《はんたいじ》を用い、訳文の改行に応じて改行し、句読点《くとうてん》を付した。

●訓読《くんどく》は、擬古《ぎこ》の「旧《きゅう》かな遣《つか》ひ」にしてあるが、ルビはその限りではない。

第一章　宗旨開示《そうしかいじ》の章

開宗明義章　第一

第一章　宗旨開示《そうしかいじ》の章

孔子《こうし》先生仲尼《ちゅうじ》が、くつろいでおられると、弟子の曾子《そうし》が、傍《かたわ》らにきて坐《すわ》った。

すると孔子先生は、曾子にこうお尋ねになった。

「先代の聖王たちは、最高の徳にして肝要《かんよう》なる道とも言いえる孝行によって、天下万民をお導きになりお従わせになられた。

万民は、それによって心和《やわ》らぎ仲睦《むつ》まじく、上下の間に、何の怨みもなく天下がよく治まった。お前は、このことを知っているか？」

曾子は、席を起って答えた。

「わたくし参《しん》は、生まれつき不敏《ふびん》な愚かものです。どうしてそのような立派なことが知りえましょうか。ぜひお教え下さい。」

すると、孔子先生は、こう話された。

「そもそも孝行が、あらゆる徳の根本であり、教化の源泉《げんせん》であると言うことだ。席に戻って坐りなさい。わたしがお前によくよくわかるように話してやろう。

この身体《からだ》の頭髪《とうはつ》や皮膚《ひふ》に至るまで、すべてが父母から頂戴《ちょうだい》したものである。この大切な身体を、決していためつけないように心がけること、これが孝行の始めである。

身を立て、孝道を実行し、名声が後世にまで語り継がれるようにして、その栄誉《えいよ》が父母にまで及ぶこと、これが、孝行の終わりである。

いったい孝行は、家にて両親につかえることに始まり、出仕《しっし》して君主につかえることを中にはさみ、身《み》を立《た》て名《な》を揚《あ》げることで終わるものである。

これが、『詩経』の大雅《たいが》の詩に、以下のようにいう本意である。

「爾《なんじ》ガ祖《そ》ヲ念《おも》フ無《な》カランヤ、厥《そ》ノ徳《とく》ヲ聿《の》べ修《おさ》メヨ。

（汝の祖先のことを思わないでよかろうか。

その徳を受け継ぎ修めて、これを子孫に伝えつづけよ。

これこそが孝である）」

（訳注）

＊1、**孔子先生**　前五五一～前四七九。孔は姓、名は丘《きゅう》、仲尼《ちゅうじ》はその字《あざな》（通称）。儒教の祖。春秋時代、山東省の魯《ろ》国に生まれ、弟子三千人を育てたと言われる。彼の編纂したテキストを経《けい》（経書）という。ただ、儒教で経といえば、『詩経《しきょう》』『書経《しょきょう》』『礼経《れいきょう》』『易経《えききょう》』『春秋《しゅんじゅう》』の五経をさす。『孝経』は、本文のとおり、孔子の手で編纂された書ではない。孔子が自分から孝行について弟子に語って、それがいつか編纂されたもの（成立については諸説あって定説はない）に過ぎないが、漢代以降は、『論語』とともに、五経とならぶ高い位置を得てきた。なお、孔子は、孔先生という意味であるが、本書では孔子先生とした。

＊2、**曾子**　前五〇五―？。姓は曾、名は参《しん》、字は子輿《しよ》。孔子の弟子

で、孔子より四十六歳若く、孔子の門下では孝道を極めた人物とされ、この『孝経』の編纂者の一人とみられている。ただ、本文の曾子の「子《し》」の字が、先生の意味であることから、古来、曾子の弟子が編纂したとも言われてきた。

＊3、席　蓆《むしろ》のこと。宋代以降は、椅子の生活になるが、孔子の当時は、蓆に坐る生活だった。『論語』郷党《きょうとう》篇に「席　正しからざれば、坐せず」という。

＊4、『詩経』　五経のひとつで、孔子が古代の詩の中から、三百首を選んで編纂し、学園のテキストとしたもの。内容は、国風《こくふう》（各国の民謡）大雅《たいが》小雅《しょうが》（儀式の雅楽）頌《しょう》（祭礼の舞歌）からなる。引用部分は、大雅の「周《しゅう》の文王《ぶんおう》」篇にみえる。

＊5、聿べ《の》　唐の玄宗皇帝の「御注《ぎょちゅう》」（以下、単に御注とする）に従っ

て「聿」を述《の》べるとし「恒《つね》に先祖《せんぞ》を念《ねん》じ、その徳《とく》を述《の》べ修《おさ》む」の意味とした。

（訓読）

仲尼《ちゅうじ》　居《いま》し、曾子《そうし》　侍《じ》す。

子《し》曰《いは》く、

先王《せんおう》に至徳要道《しとくようどう》あり、以《もつ》て天下《てんか》を順《したが》ふ。

民《たみ》　用《もつ》て和睦《わぼく》し、上下《じょうげ》　怨《うら》みなし。汝《なんじ》　之《これ》を知《し》るか、と。

曾子《そうし》　席《せき》を避《さ》けて曰《いは》く、

参《しん》　不敏《ふびん》なり。何《なん》ぞ以《もつ》て之《これ》を知《し》るに足《た》らん、と。

子《し》曰《いは》く、

それ孝《こう》は徳《とく》の本《もと》なり、教《おし》への由《よ》りて生《しょう》ずる所《ところ》なり。

坐《ざ》に復《ふく》せよ。吾《わ》れ汝《なんじ》に語《つ》げん。

身体髪膚《しんたいはっぷ》、之《これ》を父母《ふぼ》に受《う》く、敢《あへ》て毀傷《きしょう》せざるは、孝《こう》の始《はじめ》なり。

身《み》を立《た》て道《みち》を行《おこな》ひ、名《な》を後世《こうせい》に揚《あ》げ、以《もつ》て父母《ふぼ》を顕《あらは》すは、孝《こう》の終《お》はりなり。
それ孝《こう》は、親《おや》に事《つか》ふるに始《はじま》り、君《きみ》に事《つか》ふるに中《ちゅう》し、
身《み》を立《た》つるに終《お》はる。
大雅《たいが》に云《い》ふ、
爾《なんじ》が祖《そ》を念《おも》ふ無《な》からんや、厥《そ》の徳《とく》を聿《の》べ修《おさ》めよ、と。

（原文）

仲尼居、曾子侍。
子曰、
先王有至德要道、以順天下。
民用和睦、上下無怨。汝知之乎。
曾子避席曰、
參不敏。何足以知之。
子曰、
夫孝、德之本也、教之所由生也。復坐。吾語汝。
身體髮膚、受之父母、不敢毀傷、孝之始也。
立身行道、揚名於後世、以顯父母、孝之終也。
夫孝、始於事親、中於事君、終於立身。

大雅云、
無念爾祖、聿修厥德。

第二章　天子《てんし》の章

天子章　第二

第二章　天子《てんし》の章

孔子先生は、こう話された。


「親を愛する者は、決して他人を憎《にく》まない。

親を敬《けい》する者は、決して他人を侮《あなど》らない。

この愛することと敬することとの両方が、親につかえて十分に発揮《はっき》されると、その道徳的教化は、天下万民《てんかばんみん》に行きわたり、四海《しかい》に囲まれたこの世界《せかい》の果《は》てにある国々までもが、これにならい則《のっと》るようになる。

蓋《けだ》し、これが天子の孝行というものである。

これが、『書経《しょきょう》』甫刑《ほけい》篇に、以下のようにいう本意である。

「一人 慶《けい》アレバ、兆民《ちょうみん》 之ニ頼《たよ》ル。
(天子一人に、孝行という最高の 慶《よきこと》があれば、万民はこれを見ならって、安定した平和な世界が実現する)」

（訳注）

＊1、**愛することと敬すること**　御注には「博愛広敬《はくあいこうけい》の道」といい換えられている。敬意の重視は、礼を中心とする儒教の特質と言ってよく、孝行にも『論語《ろんご》』為政《いせい》篇に孝行について尋ねられた孔子が「敬《けい》せずんば、何を以て別《わか》たん」といい、親を養うだけの孝行ならば犬でも馬でもしていること、人とそれらとの違いは、この「敬」の一点にあるのだとある。詳しくは解説参照。

＊2、**刑**　御注に「刑は、法なり」という。四夷《しい》（四方の異国あるいは全国）の法則《のっと》るところとなるの意。

＊3、**四海**　四方を海に囲まれた、最果《さいは》ての土地。四海（の内）は、この世界のこと。

＊4、**甫刑**　『書経《しょきょう》』周書《しゅうしょ》の一篇の旧名で、現行本では呂刑《ろけい》篇。『書

経』は、『尚書《しょうしょ》』ともいい、『詩経』とならぶ孔子学園のテキストで、虞書《ぐしょ》（堯典《ぎょうてん》）・夏書《かしょ》・商書《しょうしょ》・周書《しゅうしょ》と時代別に分けられ、それぞれの時代の理想の政治指針が述べられている。

（訓読）

子曰く、
親《おや》を愛《あい》する者《もの》は、敢《あへ》て人《ひと》を悪《にく》まず。
親《おや》を敬《けい》する者《もの》は、敢《あへ》て人《ひと》を慢《あなど》らず。
愛敬《あいけい》　親《おや》に事《つか》ふるに尽《つ》くし、而《しこう》して徳教《とくきょう》　百姓《ひゃくせい》に加《くわ》はり、
四海《しかい》に刑《のっと》る。
蓋《けだ》し天子《てんし》の孝《こう》なり。
甫刑《ほけい》に云《い》ふ、
一人《いちにん》　慶《けい》あれば、兆民《ちょうみん》　之《これ》に頼《たよ》る、と。

（原文）

子曰、

愛親者不敢悪於人。

敬親者不敢慢於人。

愛敬盡於事親、而徳敎加於百姓、刑於四海。

蓋天子之孝也。

甫刑云、

一人有慶、兆民頼之。

第二章　諸侯《しょこう》の章

諸侯章　第二

第三章　諸侯《しょこう》の章

（孔子先生は、またこう話された）

「人の上にたって、驕《おご》り高《たか》ぶらなければ、高い位にいても国を亡《ほろ》ぼすような危《き》険《けん》はない。節制《せっせい》と倹約《けんやく》をして慎重《しんちょう》に振《ふ》る舞《ま》えば、財貨《ざいか》が満《み》ち足《た》りてもあふれてなくなる心配はない。

高い位にいても国を滅すような危険がないことは、長く高貴《こうき》な地位《ちい》を守るてだてになる。財貨が満ち足りてもあふれてなくなる心配がないのは、長く富貴《ふうき》を守るてだてになる。

富貴《ふうき》が、その身から離れることなくして、はじめて社稷《しゃしょく》すなわち国家のまつりごとをながく続けられるし、国内の民人《みんじん》を平和に治められる。蓋《けだ》し、これが諸侯の孝行である。

これが、『詩経』に以下のようにいう本意である。

「戦戦《せんせん》兢《きよう》兢《きよう》、深淵《しんえん》ニ臨《のぞ》ムガ如《ごと》ク、薄氷《はくひよう》ヲ履《ふ》ムガ如《ごと》シ。

(慎重が上にも慎重にして、深い淵に臨むように、薄い氷を履むように、自らを戒《いまし》め慎《つつ》しんで行動せよ。さすれば安泰《あんたい》がえられよう)」

（訳注）

＊1、**謹度**　御注に「礼法を謹《つつし》み行ふ」をいう、とある。

＊2、**社稷**　社《しゃ》は土地の神、稷《しょく》は穀物《こくもつ》の神、あわせて「社稷」として一国家の祭祀ないし政治（まつりごと）の場所、それが転じて国家そのものの意味ともなった。ここでは『礼記《らいき》』王制《おうせい》篇に「天子は天地《てんち》を祭り、諸侯は社稷《しゃしょく》を祭る」とあるによる。

＊3、**『詩経』**　『詩経《しきょう》』の小雅《しょうが》の小旻《しょうびん》篇にみえる詞。

＊4、**戦戦兢兢**　御注に、戦戦は「恐懼《きょうく》なり」、兢兢は「戒慎《かいしん》なり」といい、その意は「君の為に、恒《つね》に須《すべ》からく戒懼《かいく》すべきなり」という。この戒慎恐懼という言葉は、『中庸章句《ちゅうようしょうく》』第一章に「君子は、その観《み》ざる所に戒慎《かいしん》し、その聞《き》かざる所に恐懼《きょうく》す」とあるように、日常

生活における人の精神の散漫をいましめ、緊張をたもつ、その持ち方、ないしそれを目指《めざ》す修養をあらわす重要な思想用語になった。

（訓読）

上《うえ》に在《あ》りて驕《おご》らざれば、高《たか》くして危《あや》ふからず。
節《せつ》を制《せい》し度《ど》を謹《つつし》めば、満《み》ちて溢《あふ》れず。
高《たか》くして危《あや》ふからざるは、長《なが》く貴《たか》きを守《まも》る所以《ゆえん》なり。
満《み》ちて溢《あふ》れざるは、長《なが》く富《とみ》を守《まも》る所以《ゆえん》なり。
富貴《ふうき》　その身《み》を離《はな》れず、然《しか》る後《のち》に能《よ》くその社稷《しゃしょく》を保ち、
而してその民人《みんじん》を和《わ》す。
蓋《けだ》し諸侯《しょこう》の孝《こう》なり。
詩《し》に云《い》ふ、
戦戦《せんせん》兢兢《きょうきょう》、深淵《しんえん》に臨むが如く、薄氷《はくひょう》を履《ふ》むが如し、と。

（原文）

在上不驕、高而不危。

制節謹度、滿而不溢。

高而不危、所以長守貴也。

滿而不溢、所以長守富也。

富貴不離其身、然後能保其社稷、而和其民人。

蓋諸侯之孝也。

詩云、

戰戰兢兢、如臨深淵、如履薄冰。

第四章　卿《けい》大《たい》夫《ふ》の章

卿大夫章　第四

第四章　卿《けい》大《たい》夫《ふ》の章

（孔子先生は、またこう話された）

「先王《せんおう》の定《さだ》めた礼法《れいほう》どおりの服装《ふくそう》でなければ、決《けっ》して身《み》にまとわない。

先王の残した礼法をふまえた言葉《ことば》でなければ、決して言《い》わない。

先王の示《しめ》した道徳にかなった振《ふ》る舞《ま》いでなければ、決して行《おこな》わない。

この故に、礼法にかなっていなければ、何も言わず、

道徳にかなっていなければ、何も行わない。

口《くち》をついて出《で》る言葉《ことば》を、あれこれ選《えら》ぶ必要《ひつよう》もないし、身《み》の振《ふ》る舞《ま》いに、どう

こう選択《せんたく》する余地《よち》もない。

従《したが》って、自分の口から出た言葉が満天下《まんてんか》に広まっても、失言《しつげん》がなく、自身《じしん》の振る舞いが満天下《まんてんか》に知《し》られても、怨《うら》まれたり憎《にく》まれたりすることがない。

服装《ふくそう》と言葉《ことば》と振《ふ》る舞《ま》いの三者が以上の通り完備《かんび》して、はじめて宗廟《そうびょう》にて先《せん》祖《ぞ》の霊《れい》を守《まも》り続《つづ》けることができるのである。

蓋《けだ》し、これが卿大夫《けいたいふ》の孝行《こうこう》である。

これが『詩経《しきょう》』に以下のようにいう本意である。

「夙夜《しゅくや》　解《おこた》ルコト匪《な》ク、以《もっ》テ一人《いちにん》ニ事《つか》フル。

（早朝から夜遅くまで、ひとえに怠ることなく、君主一人に仕えまつる）」

（訳注）

＊1、**卿大夫**　卿《けい》は大臣、大夫《たいふ》は官僚、次の「士人」は役人や官僚候補の知識人をいう。

＊2、**宗廟**　先祖を祭祀する場所。みたまや。祖先を同じくする一族を「宗族《そうぞく》」といい、五世代までが、同じ宗廟に位牌を置いて祭られる。

＊3、**『詩経』**　『詩経』の大雅《たいが》の烝民《じょうみん》篇の詞。

＊4、**懈ル匪シ**　懈は怠《おこた》る、怠惰《たいだ》の意《い》。匪は非と同じ否定詞、ここでは「無し」の意。

（訓読）
先王《せんおう》の法服《ほうふく》に非《あら》ざれば、敢《あへ》て服《ふく》さず。
先王《せんおう》の法言《ほうげん》に非《あら》ざれば、敢《あへ》て道《い》はず。
先王《せんおう》の徳行《とくこう》に非《あら》ざれば、敢《あへ》て行《おこな》はず。
この故《ゆえ》に法《ほう》に非《あら》ざれば言《い》はず、道《みち》に非《あら》ざれば行《おこな》はず。
口《くち》に択言《たくげん》　無《な》く、身《み》に択行《たくこう》　無《な》し。
言《げん》　天下《てんか》に満《み》ちて、口過《こうか》　無《な》く、行《こう》　天下《てんか》に満《み》ちて、怨悪《えんお》　無《な》し。
三者《さんしゃ》　備《そな》はり、然《しか》る後《のち》に能《よ》くその宗廟《そうびょう》を守《まも》る。
蓋《けだ》し卿大夫《けいたいふ》の孝《こう》なり。
詩《し》に云《い》ふ、
夙夜《しゅくや》　懈《おこた》ること匪《な》く、以《もっ》て一人《いちにん》に事《つか》ふる、と。

（原文）

非先王之法服、不敢服。
非先王之法言、不敢道。
非先王之德行、不敢行。
是故非法不言、非道不行。
口無擇言、身無擇行。
言滿天下、無口過、行滿天下、無怨惡。
三者備矣、然後能守其宗廟。
蓋卿大夫之孝也。
詩云、
夙夜匪懈、以事一人。

第五章　士人《しじん》の章

第五章　士人《しじん》の章

（孔子先生は、またこう話された）

「父につかえるその心で、転《てん》じて母《はは》につかえる、その心《こころ》は同じ愛《あい》である。

父につかえるその気持ちで、転じて君《きみ》につかえる、その気持ちは同じ敬である。

故に、母《はは》には愛《あい》の心でつかえ、君《きみ》には敬の気持ちでつかえ、母につかえる愛と君につかえる敬の両者を兼ねるのは父である。

それ故に、父《ちち》につかえる孝《こう》の心で君《きみ》につかえるならば、それが忠《ちゅう》であり、敬の気持ちで年長者《ねんちょうしゃ》につかえるならば、それが順《じゅん》である。

この忠《ちゅう》と順《じゅん》とを失わないようにして、目上《めうえ》の人《ひと》につかえる、そうして始《はじ》めて、自分の爵位《しゃくい》や俸禄《ほうろく》を保持《ほじ》し、先祖《せんぞ》の祭祀《さいし》を守《まも》り続《つづ》けることができるのである。

蓋《けだ》し、これが士《し》の孝行《こうこう》である。

これが『詩経《しきょう》』に、以下のようにいう本意である。

「夙《つと》ニ興《お》キ夜《よる》ニ寐《い》ネ、爾《なんじ》ガ所生《しょせい》ヲ忝《はずか》シムルコト無《な》カレ。

(早朝に起き深夜に寝て、ひたすら孝行と仕事に励み、汝を生み育てた父母を恥しめることのないように)」

（訳注）

＊1、**爵位《しゃくい》や俸禄《ほうろく》**　原文は「禄位《ろくい》」で、君主から授与された爵位（官位）と俸禄（食禄《しょくろく》）。

俸禄（食禄）について、『論語《ろんご》』為政《いせい》篇には、子張という弟子が「禄をもとめることを学びたい」と言ったのに対して、孔子が「言《げん》に尤《とが》めすくなく、行《こう》に悔《く》いすくなければ、禄《ろく》その中に在り」と答えている。すなわち、政治をになう者は、言行にあやまちや後悔がすくなければ、それで十分に禄の保障になる、と言うのである。それが難しいのは、今も昔も同様であろう。

＊2、**『詩経』**　『詩経』の小雅《しょうが》の小宛《しょうえん》篇の詞。

＊3、**忝**　御注に「忝《てん》は辱《じょく》なり」とあり、恥辱《ちじょく》、はずかしむるの意。

＊4、所生　御注に「所生は、父母を謂《い》ふなり」とあり、これに従う。なお、「所」は、受身を表わす助字として使われると、「所産」と同じく生まれたもの・生産されたものをさすことになり、この場合は「生んだ父母」でなく「生んでもらった子供」の意になる。しかし、本文の「所」は、動作の起源をさすもので、すでに第一章に「教《おし》への由《よ》りて生《しょう》ずる所《ところ》（教之所由生）」という句造りがあるように、ここも「爾《なんじ》の由《よ》りて生ずる所（爾之所由生）」というのが本来的表現であり、「お前を生み出した父母」をさす意味になるのである。なお、庶民の上にたつ士は、『論語』泰伯《たいはく》篇に「弘毅《こうき》ならざるべからず」と強い意志の確立がもとめられ、また憲問《けんもん》篇に「士《し》にして居《さと》を懐《おも》ふは以《もっ》て士《し》と為《な》すに足らず」とも言われていて、生まれ育った土地からの独立も要請されている。

ここに「父母を恥《はずか》しめないようにせよ」と言うのも、その背景には、強い独立の精神をふまえた上でのことである。

（訓読）

父《ちち》に事《つか》ふるに資《と》つて以《もっ》て母《はは》に事《つか》へ、而《しこう》して愛《あい》同《おな》じ。

父《ちち》に事《つか》ふるに資《と》つて以《もっ》て君《きみ》に事《つか》へ、而《しこう》して敬《けい》同《おな》じ。

故《ゆえ》に母《はは》その愛《あい》を取《と》り、而《しこう》して君《きみ》その敬《けい》を取《と》る。

之《これ》を兼《か》ぬる者《もの》は父《ちち》なり。

故《ゆえ》に孝《こう》を以《もっ》て君《きみ》に事《つか》ふれば則《すなは》ち忠《ちゅう》に、

敬《けい》を以《もっ》て長《ちょう》に事《つか》ふれば則《すなは》ち順《じゅん》なり。

忠順《ちゅうじゅん》失《うしな》はず、以《もっ》てその上《うえ》に事《つか》ふ、

然《しか》る後《のち》に能《よ》くその禄位《ろくい》を保《たも》ちて、その祭祀《さいし》を守《まも》る。

蓋《けだ》し士《し》の孝《こう》なり。

詩《し》に云《い》ふ、

夙《つと》に興《お》き夜《よる》に寐《い》ね、爾《なんじ》の所生《しょせい》を忝《はずか》しむること無《な》かれ、と。

（原文）

資於事父以事母、而愛同。
資於事父以事君、而敬同。
故母取其愛、而君取其敬。兼之者父也。
故以孝事君則忠、以敬事長則順。
忠順不失、以事其上、然後能保其祿位、而守其祭祀。
蓋士之孝也。
詩云、
夙興夜寐、無忝爾所生。

第六章　庶人《しょじん》の章

庶人章　第六

第六章　庶人《しょじん》の章

（孔子先生は、またこう話された）

「天《てん》の道《みち》、すなわち四季おりおりの時宜《じぎ》をみて仕事《しごと》に励《はげ》み、地《ち》の利《り》、すなわちその土地《とち》に相応《ふさわ》しい利益《りえき》を分け与《あた》えられて生活の糧《かて》とし、自身《じしん》の振《ふ》る舞《ま》いを慎《しん》重《ちょう》にし、毎日《まいにち》の財用《ざいよう》を節約《せつやく》し、こうして父母《ふぼ》に孝養《こうよう》を尽《つ》くす。

これが庶民《しょみん》の孝行である。

故に天子《てんし》より庶人《しょじん》に至るまで、孝行《こうこう》に終始《しゅうし》尊卑《そんぴ》の区別《くべつ》はなく、まして孝の実行に及ぶことができないなどというものは、絶対《ぜったい》にいないのである。」

（訳注）

＊1、**天の道**　御注には「春に生《しょう》じ夏に長《ちょう》じ秋に収《しゅう》（穫《かく》）し冬に蔵《ぞう》す」るように「事を挙《あ》ぐるに時《とき》に順《したが》ふ（挙事順時）」を「天の道」ということである。四季《しき》おりおりの時宜《じぎ》を得て、それに順応した農作業をすることをいう。

＊2、**地の利**　御注に「五土《ごど》、その高下《こうげ》を視《み》（察）、各おの宜《よろ》しき所を尽《つ》くす（五土、視其高下、各盡所宜）」とある。五種類の土地の様態《ようたい》におうじて、そのどれに適しているかを判断し、その宜しきに従い工夫して収穫をあげること。なお、御注にいう「五土」とは、山林《さんりん》・川《せん》沢《たく》・丘陵《きゅうりょう》・墳衍《ふんえん》・原湿《げんしつ》の五種類の土地の様態をいう。

＊3、**故に天子より**　本書は、十八章からなる『今文孝経《きんぶんこうきょう》』であるが、別系統の二十二章からなる『古文《こぶん》孝経』では、これ以前を「庶人《しょじん》章

第六」とし、これ以下を別に「孝平章《こうへい》　第七」として分けている。その場合は、「故に」という結びの文が、この「天の道」以下の庶人の孝だけでなく、第二章「天子の章」から第六章「庶人の章」までを総括しているという意図をより強く示すものになる。

＊4、終始　御注は「天子《てんし》より始《はじま》り庶人《しょじん》に終《お》はる、尊卑《そんぴ》、殊《こと》なると雖《いへど》も、孝道《こうどう》は同致《どうち》にして及ぶ能はざるを患ふる者は未《いま》だ之《これ》あらざるなり（始自天子、終於庶人、尊卑雖殊、孝道同致、而患不能及者、未之有也）」とあり、経文の「終始《しゅうし》」を天子に始《はじ》まり庶人に終《お》わる上の五章の身分の意味、すなわち「尊卑」と同意と解するので、これに従った。

（訓読）

天《てん》の道《みち》を用《もち》ひて、地《ち》の利《り》を分《わ》かち、

身《み》を謹《つつし》み用《よう》を節《せつ》し、以《もつ》て父母《ふぼ》を養《やしな》ふ。

これ庶人《しょじん》の孝《こう》なり。

故《ゆえ》に天子《てんし》より庶人《しょじん》に至《いた》るまで、孝《こう》に終始《しゅうし》無《な》くして、

及《およ》ばざるを患《うれ》ふる者《もの》は、未《いま》だこれ有《あ》らざるなり。

（原文）

用天之道、分地之利、
謹身節用、以養父母。
此庶人之孝也。
故自天子至於庶人、孝無終始、
而患不及者、未之有也。

第七章　三才《さんざい》の章

三才章　第七

第七章　三才《さんざい》の章

曾子《そうし》が（上述の孝の話を聞き終わると）こう言った。

「とても偉大なのですね、孝行というものは。」

すると、孔子先生は、あらためてこう話された。

「そもそも孝行は、天《てん》の経《けい》すなわち天の普遍原則であり、地《ち》の義《ぎ》すなわち地の生成利益であり、民《たみ》の行《こう》すなわち人の行為規範である。

孝行は、天地の常経《じょうけい》であるから、人はこれにこそ則《のっと》るのである。

つまり、天が明らかに示す普遍原則に則《のっと》り、地が万物を生み出す利益に従《したが》い、天下の人々を順応《じゅんのう》させるのである。

それ故に、この孝の教えは、厳粛《げんしゅく》にしなくても教化が成り、孝による政治は、厳格《げんかく》にしなくても自然に治まるのである。

先王《せんおう》は、この孝行の教えが人々をよく教化できたのを見ていた。だから先ず博愛という大きな愛を示して政治に臨んでも、人々は自分の親を愛する事を忘れなどしなかった。

（先王は）何より美徳《びとく》の意義を述べ伝えられたので、人々はそれに心うたれて実行した。

敬意にもとづく謙譲《けんじょう》を優先されたので、人々はそれに感化されて争わなくなった。

礼楽《れいがく》すなわち振る舞いを正す礼儀《れいぎ》と心ばえを正す音楽《おんがく》とで、人々を指導したので、人々はそれに感化《かんか》されて、心和《こころやわ》らぎ仲睦《なかむつ》まじくなった。

その上、先王が自分の好悪《こうお》を示して善悪のありどころを教えたので、人々は国に禁令《きんれい》のあることを知り、犯罪がなくなった。

これが『詩経』に、以下のようにいう本意である。

「赫赫《かくかく》タル師尹《しいん》、民《たみ》具《つぶさ》ニ爾《なんじ》ヲ瞻《み》ル。

(盛んに光り輝くような太師《たいし》の尹氏《いんし》の、君を助ける立派な振《ふ》る舞《ま》いは、人々がひとしく仰《あお》ぎ見るところである)」

（訳注）

＊1、三才《さんざい》　才は「材《ざい》」と同じ。天・地・人の三者をさす。

＊2、天の経　御注では、経を「常」の意と解して「三辰《さんしん》、天を運《めぐ》りて常《つね》ある（日月星《じつげつせい》の三辰が、天を恒常的にめぐる）」様子という。ここでは天の普遍原則と訳した。

＊3、地の義　御注では、「物を利するを義《ぎ》と為す（万物に利益をもたらすことが、義である）」と解し、「五土、地を分けて義をなす（五種類の土地に分類して、それぞれに義としての利益がある）」様子という。ここでは、地の生成利益と訳した。庶人の章の訳注＊2を参照されたい。

＊4、人の行　人として踏み行うべき、当然の行為。ここでは人の行為規範と訳した。

なお、『春秋左氏伝《しゅんじゅうさしでん》』の昭公《しょうこう》二十五年の文に「それ礼《れい》は、天の経なり、地の義なり、人の行なり」とある。『孝経』の著者が、この文を引いて「礼」の字を「孝」に変えた、という説があるが、確証はない。

＊5、**厳粛にしなくて云々**　原文の「不粛而成」と「不厳而治」は、下の第九章聖治章にもみえる。厳格な政治は、法家の苛酷な法治主義政治に通じていて、「孝」を統治の基におく孝治主義の政治のあり方とは、相容れないことを示す言葉である。

＊6、**博愛**　この博愛は、『論語』学而篇《がくじ》に「子曰く、弟子《ていし》入《い》りては則《すなは》ち孝《こう》、出でては則ち弟《てい》、謹《つつし》みて信あり、汎《ひろ》く衆《しゅう》を愛《あい》して仁《じん》に親《した》しめ（汎愛衆而親仁）」とある「汎愛」と同意の緩《おだ》やかな万人への愛情。なお、孔子の後に出現した墨《ぼく》子は、これとは別に「兼愛《けんあい》」を唱えて、自

分の親も他人の親も区別しない積極的な万人への愛情を主張している。この違いが、次の「自分の親を愛する事を忘れなどしなかった」という言葉である。

＊7、礼楽　御注には「礼《れい》、以て其の跡《せき》を検《けん》し、楽《がく》、以て其の心を正《ただ》せば、則《すなは》ち人　和睦《わぼく》す（礼儀作法によって人としての振る舞いを正し、音楽によってその心ばえを正せば、則ち人びとはよく和睦する。禮以検其跡、樂以正其心、則人和睦）」とする。第一章の中にも「民《たみ》、用《もっ》て和睦《わぼく》す」とある。人々の争いがなく和睦しあう平和な世の実現が孝治主義政治の眼目である。この点は、次の「孝治の章」でより明確に説かれている。

＊8、『詩経』　『詩経』の小雅《しょうが》の節南山《せつなんざん》篇の詞。

＊9、師尹《いん》　周の太師《たいし》（太師・太傅《たいふ》・太保《たいほ》を「三公《さんこう》」といい、天子の補

佐役をつとめる）の尹氏《いんし》のこと。周君を助けて赫赫《かくかく》たる成果を挙げたといわれる。なお、「具」は、皆の意。この詩は、四書の『大学《だいがく》章句《しょうく》』伝《でん》第十章にも引用され、尹氏を人の上に立つ者の象徴とみている。

（訓読）

曾子《そうし》曰《いは》く、

甚《はなは》だしいかな孝《こう》の大《だい》なるや、と。

子《し》曰《いは》く、

それ孝《こう》は、天《てん》の経《けい》なり、地《ち》の義《ぎ》なり、民《たみ》の行《こう》なり。

天地《てんち》の経《けい》にして、民《たみ》是《こ》れ之《これ》に則《のっと》る。

天《てん》の明《めい》に則《のっと》り、地《ち》の利《り》に因《よ》り、以《もっ》て天下《てんか》を順《したが》ふ。

是《ここ》を以《もっ》てその教《おしえ》粛《しゅく》せずして成《な》り、

その政《まつりごと》厳《げん》ならずして治《おさ》まる。

先王《せんおう》教《おしえ》の以《もっ》て民《たみ》を化《か》す可《べ》きを見《み》る。

是《こ》の故《ゆえ》に之《これ》に先《さき》んずるに博愛《はくあい》を以てして、

民《たみ》その親《おや》を遺《わす》るることなし。

之《これ》を陳《の》ぶるに徳義《とくぎ》を以《もっ》てして、民《たみ》 興《おこ》し行《おこな》ふ。
之《これ》に先《さき》んずるに敬譲《けいじょう》を以《もっ》てして、民《たみ》 争《あらそ》はず。
之《これ》を導《みちび》くに礼楽《れいがく》を以《もっ》てして、民《たみ》 和睦《わぼく》す。
之《これ》に示《しめ》すに好悪《こうお》を以《もっ》てして、民《たみ》 禁《きん》を知《し》る。
詩《し》に云《い》ふ、
赫赫《かくかく》たる師尹《しいん》、民《たみ》 具《つぶさ》に爾《なんじ》を瞻《み》る、と。

（原文）

曾子曰、
甚哉孝之大也。
子曰、
夫孝、天之經也、地之義也、民之行也。
天地之經、而民是則之。
則天之明、因地之利、以順天下。
是以其敎不肅而成、其政不嚴而治。
先王見敎之可以化民。
是故先之以博愛、而民莫遺其親。
陳之以德義、而民興行。
先之以敬讓、而民不爭。

導之以禮樂、而民和睦。
示之以好惡、而民知禁。
詩云、
赫赫師尹、民具爾瞻。

第八章　孝治《こうち》の章

孝治章　第八

第八章　孝治《こうち》の章

孔子先生は、またこう話された。

「大昔、聖明なる王が、孝をもとにして天下を治められたとき、身分が低い小国の臣だからと言って、決してぞんざいにはなされなかった。ましで、公《こう》・侯《こう》・伯《はく》・子《し》・男《だん》のような高い爵位《しゃくい》をもった諸侯をぞんざいにすることは全くなかった。

それ故に、万国の人々から歓喜《かんき》をともなう心服《しんぷく》を得て、それでもって王の先祖の祭祀《さいし》を奉行《ほうこう》された。

諸侯がこの王の下で国を治めたとき、決して男やもめや未亡人《みぼうじん》のような弱者を軽蔑《けいべつ》するようなことはしなかった。

まして、一般の士人や庶民を軽視するようなことは全くなかった。

それ故に、国内の何百もの姓を別にする人々から歓喜をともなう心服を得て、それでもって国君の先祖《せんぞ》の祭祀《さいし》を奉事《ほうじ》された。

卿大夫が家を治めたとき、決して卑《いや》しい家来《けらい》や下女《げじょ》の心を失わないように配慮した。

まして大事な妻や子の心を失うようなことは全くなかった。

それ故に、人々の歓喜をともなう心服を得て、それでもって自分の親を奉養《ほうよう》した。

そもそも孝による政治は、かくのごときものである。

故に存命中《ぞんめいちゅう》の親は、子の孝心《こうしん》に安心して生活し、死亡して祭られても、鬼《き》神《じん》すなわち祖霊《それい》となって祀《まつ》りをうけられるのだ。だから、天下に平和がもたらされ、自然災害《しぜんさいがい》も起こらず、社会混乱《しゃかいこんらん》も生じない。

故に、聖明なる王が、孝をもとにして天下を治められたその様子は、上述のとおり立派なものであった。

これが『詩経《しきょう》』に、以下のようにいう本意である。

「覚《おおい》ナル徳行《とくこう》有《あ》レバ、四国《しこく》、之《これ》ニ順《したが》フ。

(天子に偉大なる孝徳の実行があれば、四方の国が、これに則《のっと》りしたがうものだ)」

（訳注）

＊1、男やもめや未亡人　原文の「鰥寡《かんか》」は、鰥《かん》が「老《お》いて妻亡《つまな》き者」すなわち男やもめ、寡《か》は「老いて夫亡《おつとな》き者」すなわち未亡人、御注《ぎよちゆう》には「国《くに》の微者《びしや》（弱者）」という。『書経』康誥《こうこう》篇にも「克《よ》く徳《とく》を明《あき》らかにし罰《ばつ》を慎《つつし》み、敢《あえ》て鰥寡《かんか》を侮《あなど》らざれ（克明徳慎罰、不敢侮鰥寡）」という。これに孤児《こじ》と独老《どくろう》を含めた「鰥寡孤独《かんかこどく》」の四文字でも社会的弱者の意味につかわれ、『孟子《もうし》』梁恵王《りようけいおう》下篇には「此《こ》の四者《よんしや》は、天下の窮民《きゆうみん》にして無告《ぶこく》の者《もの》。文王《ぶんおう》、政《せい》を発《はつ》し仁《じん》を施《ほどこ》すに、必ずこの四者を先《さき》にす」といい、儒教の仁政《じんせい》（福祉政策）の先行事項にされている。

＊2、『詩経』　『詩経』の大雅《たいが》の抑《よく》篇の詞。

＊3、覚　御注に「覚は大なり」といい「天子《てんし》に大なる徳行《とくこう》あれば、則《すなは》ち四方《しほう》の国《くに》　順《したが》ひて之《これ》を行《おこな》ふ」という。「大なる徳行」は、当然ながら「孝行」であり、天子の行うべき政治の原則として「孝治主義」という用語で表現してよいものである。この点は、以下の聖治章でも繰り返される。

（訓読）

子《し》曰《いは》く、

昔者《むかし》明王《めいおう》の孝《こう》を以《もつ》て天下《てんか》を治《おさ》むるや、敢《あへ》て小国《しょうこく》の臣《しん》を遺《のこ》さず、

而《しか》るを況《いは》んや公《こう》・侯《こう》・伯《はく》・子《し》・男《だん》に於《お》いてをや。

故《ゆえ》に万国《ばんこく》の歓心《かんしん》を得《え》て、以《もつ》てその先王《せんおう》に事《つか》ふ。

国《くに》を治《おさ》むる者《もの》は、敢《あへ》て鰥寡《かんか》を侮《あなど》らず、

而《しか》るを況《いは》んや士《し》・民《みん》に於《お》いてをや。

故《ゆえ》に百姓《ひやくせい》の歓心《かんしん》を得《え》て、以《もつ》て先君《せんくん》に事《つか》ふ。

家《いえ》を治《おさ》むる者《もの》は、敢《あへ》て臣妾《しんしょう》の心《こころ》を失《うしな》はず、

而《しか》るを況《いは》んや妻《さい》・子《し》に於《お》いてをや。

故《ゆえ》に人《ひと》の歓心《かんしん》を得《え》て、以《もつ》てその親《おや》に事《つか》ふ。

それ然《しか》り、故《ゆえ》に生《せい》には則《すなは》ち親《おや》之《これ》に安《やす》んじ、

祭《さい》には則ち鬼《おに》　之を享《う》く。
是《ここ》を以《もっ》て天下《てんか》　和平《わへい》し、災害《さいがい》　生《しょう》ぜず。禍乱《からん》　作《おこ》らず。
故《ゆえ》に明王《めいおう》の孝《こう》を以《もっ》て天下《てんか》を治《おさ》むるや此《かく》の如《ごと》し。
詩《し》に云《い》ふ、
覚《おおい》なる徳行《とくこう》有《あ》れば、四国《しこく》　之《これ》に順《したが》ふ、と。

（原文）

子曰、

昔者明王之以孝治天下也、不敢遺小國之臣、

而況於公・侯・伯・子・男乎。

故得萬國之歡心、以事其先王。

治國者不敢侮於鰥寡、

而況於士・民乎。

故得百姓之歡心、以事其先君。

治家者不敢失於臣妾之心、

而況於妻・子乎。

故得人之歡心、以事其親。

夫然、故生則親安之、祭則鬼享之。

是以天下和平、災害不生、禍亂不作。
故明王之以孝治天下也如此。
詩云、
有覺德行、四國順之。

第九章　聖治《せいち》の章

聖治章　第九

第九章　聖治《せいち》の章

曾子が、またこう聞いた。

「あえてお尋《たず》ねしますが、聖人の徳の教えには、孝の徳になにか付《つ》け加《くわ》えるものはないのでしょうか。」

すると、孔子先生がこう話された。

「天地の内の生命《いのち》あるものでは、人間がもっとも貴《とうと》い存在である。

その人間の行為の中では、孝行より大事なものはない。

その孝行の中では、父を尊重して厳粛《げんしゅく》にするより大事なことはない。

父を尊重して厳粛《げんしゅく》にするには、父を天に配置して祭るより大事なことはない。

すなわち、聖人周公《しゅうこう》こそが、それをなされたご当人《とうにん》なのである。というのは、むかし、周公は、一族の始祖である后稷《こうしょく》を都《みやこ》の南郊《なんこう》にて祀《まつ》り、天を祀る祭壇《さいだん》に配置された。なき父君の文王《ぶんおう》を、諸侯に政令を伝える明堂《めいどう》にて祀り、上帝《じょうてい》と同様に配置された。

こういう訳で、四海《しかい》の内《うち》の諸侯たちは、おのおの職分《しょくぶん》である政事に励《はげ》み治《ち》績《せき》をあげて、そこで以て周王室の祀る祭りを奉賛《ほうさん》した。

してみれば、聖人の徳の教えは、どうして孝の上につけ加えるものがあろうか。

故に親《した》しみの感情は、父母の膝下《ひざもと》にいる幼少《ようしょう》のころから生まれ、やがて今《こん》度《ど》は父母を養《やしな》い奉《ほう》じて、日一日と尊重し厳粛《げんしゅく》さを増していくものである。

聖人は、この厳粛《げんしゅく》さを増すということを基《もと》にして、敬意《けいい》の表し方を教え、自然な親しみの感情を基にして、正しい愛情《あいじょう》の持ち方を教えられた。

聖人の教えは、だから、ことさら厳粛《げんしゅく》にしなくても教化が成り、孝による政治は、ことさら厳格《げんかく》にしなくても自然に治まるのである。

そのよりどころが、根本的な孝にあるからである。


父子《ふし》の道《みち》は、天性《てんせい》のものであり、同時に愛《あい》や敬《けい》の方向付けをえて君臣関係《くんしんかんけい》の正義にそのまま通じるものである。

父母が子を生み育てる、その相伝《そうでん》の道《みち》は、これにまさるもののない大切なものである。父君《ちちぎみ》が親《した》しくその子に対して注ぎこむ愛情への厚い恩義《おんぎ》もまた、これにまさるものはないのである。

故に、自分の親《おや》を愛《あい》さないで、他人を愛する者は、人としての徳にもとる「悖徳《はいとく》」という。

自分の親《おや》を敬《うやま》わないで、他人を敬う者は、人としての礼にもとる「悖礼《はいれい》」という。

正しい人心に従順《じゅうじゅん》であれば、人々の手本となるが、それに逆《さか》らうならば、そうはなれないのである。

こうした善行《ぜんこう》によらなければ、みな徳行《とくこう》にもとる「凶徳《きょうとく》」である。

たとえ一時的《いちじてき》に人の上に立つという出世《しゅっせ》の志《こころざし》が適《かな》えられたとしても、君子をめざす人々からは尊重されないものである。

有徳《ゆうとく》の君子は、そうはしないのだ。

言葉は、口に出してよいかどうか考えてのちに言うので信用《しんよう》をえるし、行動は、楽しませるかどうかを考えてのちに振る舞うので悦《よろこ》ばれるのである。

そうした徳義《とくぎ》が尊重され、そうした事業《じぎょう》が手本とされ、そうした威儀《いぎ》が注目され、そうした動静《どうせい》が法度《ほうど》とされるのである。

こうした態度《たいど》で、人々に臨むので、民は畏《おそ》れつつも上を愛するようになり、模範として倣《なら》い従《したが》うようになるのである。

だからその徳教《とくきょう》はしっかりと成就《じょうじゅ》し、その政令《せいれい》もちゃんと実行されるのだ。

これが『詩経《しきょう》』に以下のようにいう本意である。

「淑人君子《しゅくじんくんし》、其《そ》ノ儀《ぎ》、忒《たが》ハズ。

（善人君子は、その威儀《いぎ》が法度《ほうど》に違《たが》うことがない、だから人々の手本となれるのだ）」

（訳注）

＊1、**人間がもっとも貴い**　『書経《しょきょう》』泰誓篇《たいせいへん》に「これ天地《てんち》は万物《ばんぶつ》の父母にして、これ人は万物の霊なり」とあり、人間を万物の中で最も尊い霊的存在とみる。前章の天と地に人を加えて「三才《さんざい》」とする根拠もここにある。なお、泰誓篇は『書経』の中の偽作とされる部分である。

＊2、**周公**　姓は姫《き》、名は旦《たん》。周の文王《ぶんおう》の子、武王《ぶおう》の弟。武王と力をあわせて殷《いん》の紂王《ちゅうおう》を倒した後、兄の子・成王《せいおう》の摂政《せっせい》として周王朝をもり立ててその礼楽《れいがく》制度を作った（これを「周礼」という）。孔子が理想とした人物で、儒教聖人の一人。

＊3、**后稷**　周公や次の文王ら姫《き》姓一族の始祖、名は棄《き》。伝説では、舜《しゅん》の臣となり「后稷」という官に任じられたという。古来、民に五穀《ごこく》を教えた農業《のうぎょう》の神でもあった。

＊4、文王　姓は姫《き》、名は昌《しょう》。殷の紂王《ちゅうおう》から「西伯《せいはく》」に任じられたが、後その名声を妬《ねた》まれて羑里《きゅうり》に幽閉《ゆうへい》された。子の武王と周公が殷の紂《ちゅう》王《おう》を放伐《ほうばつ》して周王朝を建てた（これを「殷周革命《いんしゅうかくめい》」という）後に「文王」と称された。

〈姫《き》氏の系譜〉

后稷……文王
　兄　武王―成王……（周の王室）
　弟　周公……（魯の公室）

＊5、明堂　御注には「天子布政《ふせい》の宮《きゅう》なり」といい、天子が諸侯を朝会《ちょうかい》せしめて、政令を発布する宮殿のこと。ただし、中国古典には明堂について諸説があり、一定しない。

＊6、親しみの感情　原文は「親生之膝下」とあり、素直に読めば「親《おや》之《これ》を膝下《しっか》に生《やしな》ふ」とも取れる。ただ、そうすると後文と合わない。ここは、同じ玄宗の御注でも十三経注疏《じゅうさんけいちゅうそ》などの依拠した石台本《せきたいぼん》の御注の解釈、「親《しん》は猶《な》ほ愛《あい》のごとし。膝下《しっか》は孩幼《がいよう》の時《とき》を謂《い》ふなり。言《い》ふこころは、親愛《しんあい》の心は、孫幼《そんよう》のときに生じ、年長《ねんちょう》に及ぶころ漸《ようや》く義方《ぎほう》を識《し》れば、則ち日《ひ》びに尊厳《そんげん》を加《くわ》へ、能《よ》く敬を父母に致《いた》すなり」というに従った。

なお漢文大系本の御注では、前者の「親《おや》　之《これ》を膝下《しっか》に生《やしな》ふ」とみて、「言ふこころは、子、孩幼《がいよう》のとき父母の膝下に養《やしな》はれ、即《すなは》ち須《すべか》らく之《これ》に教《おし》ふべし。為《な》さしめば則ち為《な》し、止《や》めしむれば則ち止《や》め、視《み》るに誑《いつはり》なく、聴《き》くに傾《かたより》なし、……故に日《ひ》びに厳敬《げんけい》を加ふるなり」という。こうした御注の差については、巻末の「孝経文献案内」参照。

＊7、**父子の道は**　『古文孝経《こぶんこうきょう》』は、これ以前を聖治《せいち》の章（第十章）とし、以下を父母生績《ふぼせいせき》の章（第十一章）と孝優劣《こうゆうれつ》の章（第十二章）にわけ、ここでは、「子曰く、父子の道は……」とする。これに対して本書『今文孝経《きんぶんこうきょう》』は、最後の『詩経』の引用までを一貫した孝治主義聖治理論《せいちりろん》の表明と見ている。

＊8、**父君がその子に対して**　原文は「君親臨之」。君の字を「君主」と解する説もあるが、御注の「父を謂《い》ひて君《きみ》と為《な》す」というによる。

＊9、**故に、自分の親を愛さないで**　『古文孝経』は、これ以前を父母生績の章（第十一章）とし、以下を孝優劣の章（第十二章）にわけ、「故に」を取って「子曰く、自分の親を愛さないで……」としている。

＊10、**正しい人心に従順**　原文「以順則、逆、民無則焉」は、御注に

「教《おし》へを行《おこな》ふに、民心に順《じゅん》なるを以《もっ》てす。今《いま》自《みず》から之《これ》に逆《さから》へば、則《すなは》ち下《した》之に法則《のっと》る所《ところ》なきなり（行教以順民心。今自逆之、則下無所法則之也）」とあるによる。漢文大系の頭注では、ここは「此の節、句をなさず、或《あるひ》は欠誤《けつご》あらん」という。他に「以順則逆、民無則焉」とみて「（悖徳《はいとく》や悖礼《はいれい》に）順《したが》はば則ち逆《ぎゃく》にして、民則《のっと》る無《な》し」とする説もある。

＊11、**たとえ一時的に……**　原文「雖得志之」は「雖得之」とするテキストもあるが、御注の「言《い》ふこころは、その徳礼《とくれい》に悖《もと》れば、人《ひと》の上《うえ》に志《こころざし》を得ると雖《いへど》も、君子《くんし》貴《とうと》ばざるなり（言悖其徳禮、雖得志於人上、君子不貴也）」にしたがい、「志」を出世の意とした。

＊12、**『詩経』**　『詩経』国風の曹《そう》風、鳲鳩《しきゅう》篇の詞。鳲鳩篇は、曹《そう》国（武王の弟・振鐸《しんたく》の封建された国）の歌である。

＊11、鳲鳩　鳲鳩は、和名を「ふふどり」・「ほほどり」と言い、好んで桑《くわ》の実をついばみ、母鳥が七羽のひなどりを平等に育てることで知られる。童謡「七つの子」の本歌という説もある。因みに同篇の第一章は以下の通り。

鳲鳩在桑　　鳲鳩《しきゅう》、桑《くわ》に在《あ》り
其子七兮　　其《そ》の子《こ》、七《なな》つ
淑人君子　　淑人君子《しゅくじんくんし》
其儀一兮、　其《そ》の儀《ぎ》、一《ひと》つ
其儀一兮、　其《そ》の儀《ぎ》、一《ひと》つなれば
心如結兮、　心《こころ》、結《むす》ぶが如《ごと》し

なお、この後の第三章に「淑人君子《しゅくじんくんし》、其《そ》の儀忒《たが》はず」とあり、続いて「其《そ》の儀《ぎ》、忒《たが》はざれば、是《こ》の四国《しこく》を正《ただ》す（其儀不忒、正是四國）」

と結んでいる。すなわち、この詩全体から、礼儀がまちがいなく実行されれば、四方の諸国にまでそれが普及して平和安寧が実現するという暗示になっている。

（訓読）

曾子《そうし》曰《いは》く、

敢《あへ》て問《と》ふ、聖人《せいじん》の徳《とく》、以《もっ》て孝《こう》に加《くは》ふること無《な》きや、と。

子《し》曰《いは》く、

天地《てんち》の性《せい》、人《ひと》を貴《たっと》しと為《な》す。

人《ひと》の行《こう》、孝《こう》より大《だい》なるはなし。

孝《こう》は、父《ちち》を厳《げん》にするより大《だい》なるはなし。

父《ちち》を厳《げん》にするは、天《てん》に配《はい》するより大《だい》なるはなし。

則《すなは》ち周公《しゅうこう》その人《ひと》なり。

昔者《むかし》、周公《しゅうこう》后稷《こうしょく》を郊祀《こうし》して、以《もっ》て天《てん》に配《はい》す。

文王《ぶんおう》を明堂《めいどう》に宗祀《そうし》して、以《もっ》て上帝《じょうてい》に配《はい》す。

是《ここ》を以《もっ》て四海《しかい》の内《うち》、各《おの》おのその職《しょく》を以《もっ》て来《きた》り祭《まつ》る。

それ聖人《せいじん》の徳《とく》、また何《なに》を以《もっ》て孝《こう》に加《くは》へんや。
故《ゆえ》に親《した》しみ、之《これ》を膝下《しっか》に生《しょう》じ、以《もっ》て父母《ふぼ》を養《やしな》ふこと日《ひび》に厳《おごそ》かにす。
聖人《せいじん》　厳《おごそ》かに因《よ》りて以《もっ》て敬《けい》を教へ、親《した》しみに因《よ》りて以《もっ》て愛《あい》を教ふ。
聖人《せいじん》の教《おしへ》　粛《しゅく》せずして成《な》り、その　政《まつりごと》　厳《げん》ならずして治《おさ》まる、
その因《よ》る所《ところ》の者《もの》　本《もと》なればなり。

父子《ふし》の道《みち》は、天性《てんせい》なり、君臣《くんしん》の義《ぎ》なり。
父母《ふぼ》　之《これ》を生《う》む、続《ぞく》　これより大《だい》なるはなし。
君《きみ》　親《したし》みて之《これ》に臨《のぞ》む、厚《こう》　これより重《おも》きはなし。

故《ゆえ》にその親《おや》を愛《あい》せずして、他人《たにん》を愛《あい》する者《もの》は、之《これ》を悖徳《はいとく》と謂《い》ふ。
その親《おや》を敬《けい》せずして、他人《たにん》を敬《けい》する者《もの》は、之《これ》を悖礼《はいれい》と謂《い》ふ。

順《じゅん》を以《もっ》てすれば則《のっと》る、逆《ぎゃく》なれば、民《たみ》則《のっと》ることなし。
善《ぜん》に居《お》らざれば、皆《みな》、凶徳《きょうとく》に在《あ》り。
志《こころざし》を得ると雖《いへど》も、君子《くんし》貴《たっと》ばざるなり。
君子《くんし》は則《すなわ》ち然《しか》らず。言《げん》道《い》ふべきを思《おも》ひ、行《こう》楽《たの》しむべきを思《おも》ふ。
徳義《とくぎ》尊《とうと》ぶべく、作事《さくじ》法《のっと》るべく、容止《ようし》観《み》るべく、
進退《しんたい》度《ど》とすべし。
以《もっ》てその民に臨《のぞ》む。是《ここ》を以《もっ》てその民畏《おそ》れて之《これ》を愛《あい》し、
則《のっと》りて之《これ》に象《に》る。
故《ゆえ》に能《よ》くその徳教《とくきょう》を成《な》して、その政令《せいれい》を行《おこな》ふ。
詩《し》に云《い》ふ、
淑人君子《しゅくじんくんし》、その儀《ぎ》忒《たが》はず、と。

（原文）

曾子曰、
敢問、聖人之德、無以加於孝乎。
子曰、
天地之性、人爲貴。
人之行、莫大於孝。
孝　莫大於嚴父。
嚴父　莫大於配天。則周公其人也。
昔者、周公　郊祀后稷以配天、
宗祀文王於明堂、以配上帝。
是以四海之內、各以其職來祭。
夫聖人之德、又何以加於孝乎。

故親生之膝下、以養父母日嚴。
聖人因嚴以敎敬、因親以敎愛。
聖人之敎　不肅而成、其政　不嚴而治、其所因者本也。

父子之道、天性也、君臣之義也。
父母生之、續莫大焉。
君親臨之、厚莫重焉。

故不愛其親、而愛他人者、謂之悖德。
不敬其親、而敬他人者、謂之悖禮。
以順則、逆、民無則焉。
不在於善、而皆在凶德。

雖得志之、君子不貴也。
君子則不然。
言思可道、行思可樂。
德義可尊、作事可法、容止可觀、進退可度。
以臨其民、是以其民畏而愛之、則而象之。
故能成其德敎、而行其政令。
詩云、
淑人君子、其儀不忒。

第十章　孝行《こうこう》を記《しる》すの章

紀孝行章　第十

第十章　孝行《こうこう》を記《しる》すの章

孔子先生がこう話された。

「孝行な子が親につかえるには、ふだんの家居《かきょ》には、心から親を敬《うやま》い、老いて養生するときには、歓びの心を忘れないようにし、病《や》んで寝込んだときには、顔色や振る舞いにまで心を配り、不幸にして亡くなり喪《も》に服《ふく》するときには、哭《な》いて心からの哀《かな》しみをあらわし、その後の亡き親の霊を祭るときには、それが厳粛《げんしゅく》にとりおこなわれるように配慮する。

以上の五者が完備してはじめて、子として親へ孝行ができたということができるのである。

（以上を、孝行の五要《ごよう》という）

親への孝行ができる者は、

人の上に立って傲慢《ごうまん》にならず、

人の下となっても秩序《ちつじょ》を乱すような事はせず、

民衆《みんしゅう》の中にいても競《きそ》い争うような事をしない。

人の上に立って傲慢《ごうまん》ならば、その地位《ちい》を失い、

人の下となって秩序《ちつじょ》を乱せば、処刑《しょけい》され、

民衆の中で競い争えば、負傷しかねない。

この三者が除かれないと、たとえ毎日、親に牛《うし》・羊《ひつじ》・豚《ぶた》などの豪華《ごうか》な食材《しょくざい》を用いて孝養を尽くしたとしても、なお「親不孝」だというのである。

（以上を、孝行の三戒《さんかい》という）」

（訳注）

＊1、**紀孝行**　紀は、記に同じ。注疏《ちゅうそ》では「此の章は、孝子の親に事《つか》ふるの行《こう》を紀録《きろく》するなり」といい、孝行の具体的内容（すなわち本文の「五要」「三戒」）を記録した章だとする。『古文孝経』では、同文で「紀孝行章（第十三章）」とする。

＊2、**民衆の中に**　原文「在醜」。御注《ぎょちゅう》に「醜《しゅう》は、衆《しゅう》なり」といい、醜は民衆・大衆の意。

『礼記《らいき》』曲礼《きょくらい》上篇に「凡《およ》そ人子《じんし》たるの礼《れい》は、冬《ふゆ》に温《おん》にし夏《なつ》に清《せい》にし、昏《くれ》に定《てい》し晨《あした》に省《しょう》し、醜《しゅう》に在《あ》りては、夷《ともがら》として争《あらそ》はず（凡爲人子之禮、冬溫而夏清、昏定而晨省、在醜夷不爭）」という。すなわち、子《こ》として親に仕えるには、冬には温かく、夏には清涼になるようはかり、晩には安眠できるよう床《とこ》を定め、朝には快いめざめを迎えたかどうかをうかがい、民衆の中にいては仲間とみて競い争うことがないように振る舞え、というのと同内容である。

＊3、負傷をしかねない　原文「争則兵」。この兵は、武器、刃物のこと。御注の「将《まさ》に兵刃《へいじん》の及《およ》ぶ所《ところ》と為《な》る」というにより「負傷しかねない」とした。これは、当然「身体髪膚《はっぷ》を毀損《きそん》する」ことを危惧するからである。

＊4、牛・羊・豚　礼の規定では、牛《うし》・羊《ひつじ》・豚《ぶた》の三種の犠牲《ぎせい》は、「太《たい》牢《ろう》」と呼ばれる最高の供物《くもつ》。ここでは、生前《せいぜん》には、これらを利用する豪華な食事を提供し、死後にも、霊前《れいぜん》に供物として提供されること。

（訓読）

子《し》曰《いは》く、
孝子《こうし》の親《おや》に事《つか》ふるや、
居《きよ》には則《すなは》ちその敬《けい》を致《いた》し、
養《よう》には則《すなは》ちその楽《らく》を致《いた》し、
病《びよう》には則《すなは》ちその憂《ゆう》を致《いた》し、
喪《そう》には則《すなは》ちその哀《あい》を致《いた》し、
祭《さい》には則《すなは》ちその厳《げん》を致《いた》す。
五者《ごしや》　備《そな》はり、然《しか》る後《のち》に能《よ》く親《おや》に事《つか》ふ。
親《おや》に事《つか》ふる者《もの》は、
上《うえ》に居《お》りて驕《おご》らず、
下《した》と為《な》りて乱《みだ》れず、

醜《しゅう》に在《あ》りて争《あらそ》はず。
上《うえ》に居《お》りて驕《おご》れば則《すなは》ち亡《ほろ》ぶ。
下《した》と為《な》りて乱《みだ》るれば則《すなは》ち刑《けい》せらる。
醜《しゅう》に在《あ》りて争《あらそ》へば則《すなは》ち兵《へい》せらる。
三者《さんしゃ》　除《のぞ》かれざれば、日《ひ》びに三牲《さんせい》の養《よう》を用《もち》ふると雖《いへど》も、
猶《な》ほ不孝《ふこう》たるなり。

（原文）

子曰、

孝子之事親也、

居則致其敬、

養則致其樂、

病則致其憂、

喪則致其哀、

祭則致其嚴。

五者備矣、然後能事親。

事親者、

居上不驕、

爲下不亂、

在醜不爭。
居上而驕則亡、
爲下而亂則刑、
在醜而爭則兵。
三者不除、雖日用三牲之養、猶爲不孝也。

第十一章　五刑《ごけい》の章

五刑章　第十一

第十一章　五刑《ごけい》の章

孔子先生がこう話された。

「刑罰《けいばつ》に、墨刑《いれずみけい》・鼻切《はなき》り刑・足切《あしぎ》り刑・宮刑《きゅうけい》・死刑《しけい》の五刑があり、その細則《さいそく》は、三千項目にものぼっているが、その中で罪として不孝《ふこう》の罪ほど重いものはない。

君主に強要《ごうよう》して自分に従わせるのは、上下関係を無視する所業《しょぎょう》であり、礼法を定めた聖人《せいじん》を非難するのは、聖人の礼法を無視する所業であり、孝行《こうこう》を非難するのは、大恩《だいおん》ある両親を無視する所業である。

これこそが大乱《だいらん》にいたる道である。」

（訳注）

＊1、**墨刑・鼻切り・足切り・宮刑・死刑**　御注《ぎょちゅう》に五刑は「墨《ぼく》（刺青の刑）・劓《ぎ》（鼻切りの刑）・剕《ひ》（足切りの刑）・宮《きゅう》（宮刑）・大辟《だいへき》（死刑）」を言うとあるによる。この五種類の刑罰は、ともに肉体をあやめるので「肉刑《にくけい》」という。文字通り「身体髪膚《しんたいはっぷ》を毀損《きそん》する」残酷なもので、古代から仁愛を説く儒教では、これを廃止して服装などで犯罪の軽重を示す「象徴刑《しょうちょうけい》」に改める議論が唱えられた。また、後世では、「笞《ち》・杖《じょう》・徒《ず》・流《る》・死《し》」または「笞・杖・徒・絞《こう》（絞首刑）・斬《ざん》（腰切り刑）」を五刑といっている。

＊2、**三千項目**　『書経《しょきょう》』呂刑《ろけい》篇に「墨罰《ぼくばつ》の属《ぞく》千、劓罰《ぎばつ》の属《ぞく》千、剕罰《ひばつ》の属《ぞく》五百、宮罰《きゅうばつ》の属《ぞく》三百、大辟《だいへき》の罰《ばつ》その属《ぞく》二百、（合計で）五刑の属三千」とある。大辟も死刑の意味。

＊3、不孝の罪　親殺しは、最大の犯罪であるが、その処罰内容は、時代によって異なる。『礼記《らいき》』檀弓《だんぐう》下篇に春秋時代の邾婁《ちゅる》という小国の定公《ていこう》が、親殺しの不孝者に下した判決では「凡《およ》そ宮《きゅう》にある者、殺《ころ》して赦《ゆる》すなかれ。其《そ》の人《ひと》を殺《ころ》し、其《そ》の室《しつ》を壊《こわ》し、其《そ》の宮《きゅう》を洿《ためいけ》にして豬《みずだめ》にせよ」といい、一家皆殺し、家屋全壊、宅地を溜池にするというものだった。その後、全身の皮を剝ぐ「剝皮《はくひ》の刑《けい》」、手足を順に斬っていく「凌遅処死《りょうちしょし》」などの極刑が登場したが、宋代から「凌遅処死」が定着したといわれる（桑原隲蔵『中国の孝道』、講談社、八十八頁、参照）。

（訓読）

子《し》曰《いは》く、

五刑《ごけい》の属《ぞく》　三千《さんぜん》、

而《しこう》して罪《つみ》　不孝《ふこう》より大《だい》なるはなし。

君《きみ》を要《よう》する者《もの》は、上《うえ》を無《なみ》し、

聖人《せいじん》を非《そし》る者《もの》は、法《ほう》を無《なみ》し、

孝《こう》を非《そし》る者《もの》は、親《おや》を無《なみ》す。

これ大乱《だいらん》の道《みち》なり。

（原文）

子曰、
五刑之屬三千、
而罪莫大於不孝。
要君者無上、
非聖人者無法、
非孝者無親。
此大亂之道也。

第十二章　要道《ようどう》を広《ひろ》むるの章

廣要道章　第十二

第十二章　要道《ようどう》を広《ひろ》むるの章

孔子先生が、こう話された。

「民に親しみ愛することを教えるには、孝行《こうこう》をして見せるのがもっともよい。

民に礼儀どおり従うことを教えるには、悌行《ていこう》をして見せるのがもっともよい。

社会の風俗を移し変えるには、音楽による情操教化《じょうそうきょうか》がもっともよい。

君上《くんじょう》を安心させ下民《かみん》をうまく統治《とうち》するには、礼儀による秩序《ちつじょ》の明確化《めいかくか》がもっともよい。

礼儀というのは、敬意《けいい》がすべてである。

故に父が敬意をはらってもらえば、その子らはよろこび従《したが》い、兄が敬意をはらってもらえば、その弟らはよろこび従《したが》い、君上《くんじょう》が敬意をはらってもらえば、臣下《しんか》らはよろこび従うのである。

そのように、一人《いちにん》に敬意をはらうことによって、子弟臣下《していしんか》の千人万民《せんにんまんみん》が、心からよろこんで従うようになるのである。

つまり敬意《けいい》をはらわれる者は少数であるが、よろこび従うものが多数あらわれるのである。

これを称して「要道《ようどう》」というのである。」

（訳注）

＊1、**要道を広む**　本章（第十二章）の章名の「要道《ようどう》」と、次章（第十三章）の「至徳《しとく》」、およびその次（第十四章）の「揚名《ようめい》」の三章の名は、ともに第一章の「宗旨開示の章（開宗明義章）」にある言葉（「先王に至徳要道あり」、「名を後世に揚げ、以て父母を顕《あらは》すは、孝の終はりなり」とある）に本づき、内容もそれらの語に広義の解釈をほどこしたものである。ともに君主への提言の形をとり、孝による政治は、労《ろう》少なくして効《こう》多いという功利的志向《こうりてきしこう》がみられる。『古文孝経』も同文同題である。

＊2、**悌行**　孝悌《こうてい》と熟語にされる事が多い。例えば『論語《ろんご》』学而篇《がくじ》に「孝悌《こうてい》（悌は弟とも書かれる）なるものは、仁《じん》の本《もと》たるか（孝悌也者、爲仁之本與）」など。分けていえば、親への孝《こう》と兄への悌《てい》とな

る。従って、ここでは、孝行と悌行とした。

＊3、音楽　古代中国では、社会風俗は、民衆《みんしゅう》の音楽や歌唱の詞《ことば》に現れるとされ、その内容や曲調《きょくちょう》が政治の興廃《こうはい》を見るバロメーターとして注目された。今日の世論調査である。そのために国家には「採詩《さいし》の官《かん》」が置かれていた。御注に「風俗の移り変わりは、まず音楽《おんがく》や歌声《うたごえ》にあらわれる。その変形は人心に随伴《ずいはん》し、矯正《きょうせい》するには君徳によっている。矯正も変形も、音楽によって表現される。故に「楽より善きはなし」と言うのである（風《ふう》を移《うつ》し俗《ぞく》を易《か》ふ、先《ま》ず楽声《がくせい》に入《い》る。変《へん》は人心《じんしん》に随《したが》ひ、正《せい》は君徳《くんとく》に由《よ》る。正《せい》と変《へん》と、楽《がく》に因《よ》りて彰《あらは》る、故《ゆえ》に曰《いわ》く「楽《がく》より善《よ》きはなし」と。「移風易俗、先入樂聲、變隨人心、正由君德、正之與變、因樂而彰、故曰莫善於樂」）というのは、その意味である。

＊4、**敬意をはらってもらえば**　御注に「上《うえ》に居《お》りて下《した》を敬《けい》すれば、尽《ことごと》く歓心《かんしん》を得《う》、故《ゆえ》に皆之《みなこれ》を悦《よろこ》ぶ」といい、最上位の天子が、みずから下民の父・兄や諸侯の君主に敬意をはらえば、（民や臣はよろこぶ）という意味になる。

（訓読）

子《し》曰《いは》く、

民《たみ》に親愛《しんあい》を教《おし》ふるは、孝《こう》より善《よ》きはなし。

民《たみ》に礼順《れいじゆん》を教《おし》ふるは、悌《てい》より善《よ》きはなし。

風《ふう》を移《うつ》し俗《ぞく》を易《か》ふるは、楽《がく》より善《よ》きはなし。

上《うえ》を安《やす》んじ民《たみ》を治《おさ》むるは、礼《れい》より善《よ》きはなし。

礼《れい》は敬《けい》のみ。

故《ゆえ》にその父《ちち》を敬《けい》すれば則《すなは》ち子《こ》　悦《よろこ》ぶ。

その兄《あに》を敬《けい》すれば則《すなは》ち　弟《おとうと》　悦《よろこ》ぶ。

その君《きみ》を敬《けい》すれば則《すなは》ち臣《しん》　悦《よろこ》ぶ。

一人《いちにん》を敬《けい》して千万人《せんまんにん》　悦《よろこ》ぶ。

敬《けい》する所《ところ》の者《もの》は寡《すくな》くして、悦《よろこ》ぶ者は衆《おお》し。

これ之《これ》を要道《ようどう》と謂《い》ふ。

（原文）

子曰、

教民親愛、莫善於孝。

教民禮順、莫善於悌。

移風易俗、莫善於樂。

安上治民、莫善於禮。

禮者　敬而已矣。

故敬其父　則子悅。

敬其兄　則弟悅。

敬其君　則臣悅。

敬一人　而千萬人悅。

所敬者寡、而悅者衆。

此之謂要道也。

第十三章　至徳《しとく》を広《ひろ》むるの章

廣至德章　第十三

第十三章　至徳《しとく》を広《ひろ》むるの章

孔子先生が、こう話された。

「君子が、むかし孝行を教えたそのやり方は、一戸《いっこ》一戸《いっこ》まわり歩いて、毎日毎《まいにちまい》日《にち》会って教えたのではなく、単に自ら率先実行《そっせんじっこう》しただけだ。

民に孝行《こうこう》を教えたのは、天下に人の父たるものを敬《うやま》うようにさせたいためである。

民に悌行《ていこう》を教えたのは、天下に人の兄たるものを敬《うやま》うようにさせたいためである。

民に臣《しん》としての行《おこな》いを教えたのは、天下に人君《じんくん》たるものを敬《うやま》うようにさせたいためである。

これが『詩経』に、以下のようにいう本意である。

「愷悌《がいてい》ノ君子《くんし》ハ、民《たみ》ノ父母《ふぼ》ナリ。

（楽しくやさしいやり方で、教化にあたった君子《くんし》こそ、すべての民の父母である）」

「至徳」の孝を掲げて実行するのでなければ、そもそも誰がこんなにうまく民を従順にしえようか。」

（訳注）

＊1、**至徳**　第一章の「宗旨開示の章（開宗明義章）」にある「先王に至徳要道あり」を踏まえていう。『古文孝経』第十六章も同題同文である。

＊2、**一戸一戸まわり歩いて**　原文「非家至而日見之也」は、御注に「教《きょう》は必ずしも家《いえ》ごとに到《いた》り戸《こ》ごとに至《いた》り、日《ひ》びに見《み》て之《これ》を談《だん》ずるにはあらず。但《た》だ孝を内《うち》に行わば、其《そ》の化《か》、自《おのず》から外《そと》に流《なが》るるなり」というによる。天子一人が宮中で孝行を実行すれば、それが自然に外部に影響していくと言うのである。『礼記《らいき》』郷飲酒義《きょういんしゅぎ》篇にも、「君子《くんし》の所謂孝《いはゆるこう》は、家《いえ》ごとに至《いた》って日《ひ》びに之《これ》に見《み》るに非《あら》ざる也（君子之所謂孝者、非家至而日見之也）」とあるが、この場合は、君子が、自分で一

戸一戸まわり歩いて教えたのではないというのは同じだが、その後につづく文で、郷村内の酒席の秩序化をとおして、族長らが孝悌《こうてい》道徳を教化したという。理屈としては、こちらの方が現実的である。

＊3、『詩経』　『詩経《しきょう》』の大雅《たいが》の洞酌《けいしゃく》篇の詞。

＊4、愷悌　御注に「愷《がい》は、楽《らく》（安楽）なり、悌《てい》は易《い》（容易）なり。義《いみ》は、君《きみ》、楽易《らくい》の道《みち》を以《もっ》て人《ひと》を化《か》せば、則《すなは》ち天下蒼生《てんかそうせい》の父母と為《な》るに取《と》るなり（愷、樂也、悌、易也。義取君以樂易之道化人、則爲天下蒼生之父母也）」とある。「蒼生」は、万民のこと。

（訓読）

子《し》曰《いは》く、
君子《くんし》の教《おし》ふるに孝《こう》を以《もつ》てするや、
家《いえ》ごとに至《いた》って日《ひ》びに之《これ》を見《み》るに非《あら》ざるなり。
教《おし》ふるに孝《こう》を以《もつ》てするは、天下《てんか》の人父《じんぷ》たる者《もの》を敬《けい》する所以《ゆえん》なり。
教《おし》ふるに悌《てい》を以《もつ》てするは、天下《てんか》の人兄《じんけい》たる者《もの》を敬《けい》する所以《ゆえん》なり。
教《おし》ふるに臣《しん》を以《もつ》てするは、天下《てんか》の人君《じんくん》たる者《もの》を敬《けい》する所以《ゆえん》なり。
詩《し》に云《い》ふ、
愷悌《がいてい》の君子《くんし》、民《たみ》の父母《ふぼ》、と。
至徳《しとく》に非《あら》ずんば、それ孰《たれ》か能《よ》く民《たみ》を順《したが》ふること、
此《かく》の如《ごと》くそれ大《だい》なる者《もの》なるか。

（原文）

子曰、

君子之敎以孝也、非家至而日見之也。

敎以孝、所以敬天下之爲人父者也。

敎以悌、所以敬天下之爲人兄者也。

敎以臣、所以敬天下之爲人君者也。

詩云、

愷悌君子、民之父母。

非至德、其孰能順民、如此其大者乎。

第十四章

揚名《ようめい》を広《ひろ》むるの章

廣揚名章　第十四

第十四章　揚名《ようめい》を広《ひろ》むるの章

孔子先生が、こう話された。

「君子《くんし》が親《おや》につかえてよく孝行《こうこう》を尽《つ》くす、故にこの孝行を移して忠義《ちゅうぎ》として君主《くんしゅ》につかえることができる。

君子が兄《あに》につかえてよく悌行《ていこう》を尽くす、故にこの悌行を移して従順《じゅうじゅん》として年長者《ねんちょうしゃ》につかえることができる。

君子が家《いえ》に居《い》てよく家を治《おさ》める、故に、その家を治めるやり方を外に移して仕官してよく世を治めることができる。

以上の道理から、孝をもとにした行いが家《いえ》の内《うち》で完全に成り立つと、それを外に移して治績《ちせき》をあげ、それで揚《あ》げた名声《めいせい》が、後世までも伝わるのである。」

（訳注）

＊1、**揚名**　第一章「宗旨開示の章（開宗明義章）」にある「名を後世に揚《あ》げ、以て父母を顕《あらは》すは、孝の終はりなり」に本づき、孝行から揚名の成立を説く。『古文孝経《こぶんこうきょう》』では、同文同題で第十八章とする。

なお、『論語《ろんご》』子罕《しかん》篇に「四十五十《しじゅうごじゅう》にして（名が）聞《き》こゆるなくんば、斯《こ》れ亦《ま》た畏《おそ》るるに足《た》らざるのみ（四十五十而無聞焉、斯亦不足畏也已矣）」とあり、有名でなければ、人としての価値が疑われるという。

本章では、孝行《こうこう》こそがその名をあげる決め手だとして、自分だけでなく両親の名もあがるから、一石二鳥だというのである。

（訓読）

子《し》曰《いは》く、

君子《くんし》の親《おや》に事《つか》ふる　孝《こう》なり、

故《ゆえ》に忠《ちゅう》　君《きみ》に移《うつ》すべし。

兄《あに》に事《つか》ふる　悌《てい》なり、

故《ゆえ》に順《じゅん》　長《ちょう》に移《うつ》すべし。

家《いえ》に居《お》りて理《おさ》まる、

故《ゆえ》に治《ち》　官《かん》に移《うつ》すべし。

是《ここ》を以《もつ》て行《こう》　内《うち》に成《な》りて、名《な》　後世《こうせい》に立《た》つ。

（原文）

子曰、
君子之事親孝、
故忠可移於君。
事兄悌、
故順可移於長。
居家理、
故治可移於官。
是以行成於内、而名立於後世矣。

第十五章　諫争《かんそう》の章

諫爭章　第十五

第十五章　諫争《かんそう》の章

曾子が、こう聞《き》いた。

「かの慈愛《じあい》にもとづく孝行や恭敬《きょうけい》の心構《こころがま》え、親を安心させ名を後世に揚げるといったことは、参《しん》（わたくしめ）は、お教えを承《うけたまわ》りました。あえてお尋《たず》ねしたいのですが、子が万事につき父の命令に従うことが孝行だといってもよいのでしょうか。」

すると、孔子先生は、こう話された。

「これはまた何という言葉か。これはまた何という言葉か。

むかし、天子《てんし》には、無道《むどう》な命令に従《したが》わず諫《いさ》め争《あらそ》う大臣《だいじん》が七人いたので、天子が無道な振る舞いに及んでも、天下を失うには至らなかった。

諸侯《しょこう》には、無道な命令に従わずに諫《いさ》め争《あらそ》う家臣《かしん》が五人いたので、諸侯が無道な振る舞いに及《およ》んでも、その封国《ほうこく》を失うには至らなかった。

大夫《たいふ》には、無道な命令に従わずに諫《いさ》め争《あらそ》う私臣《ししん》が三人いたので、大夫が無道な振る舞いに及んでも、その家系《かけい》を途絶《とだ》えさせるには至らなかった。

士人《しじん》には、無道に追随《ついずい》せずに諫《いさ》め争《あらそ》う友人《ゆうじん》がいたので、その身《み》が世間の善い評判を受けつづけられた。

父親《ちちおや》には、過失《かしつ》を諫《いさ》め争《あらそ》う子がいたので、その身が不義《ふぎ》におちいるようなことはなかった。

それ故《ゆえ》に、父親や君主に不義不正《ふぎふせい》があったならば、子はしっかりと父親に対して諫《いさ》め争《あらそ》わなければならないし、臣はしっかりと君主に対して諫め争わなければならない。

ゆえに、不義不正があったならば、しっかりと諫《いさ》め争《あらそ》うのだ。子が万事につき、父の命令に従うことが、どうしてまた孝行だなどと言えようか。」

（訳注）

＊1、諫争　争を諍《そう》（言い争うの意）とするテキストもある。従順をよしとせずに、不正に対しては諫め争うことが、必要だという内容で、異色である。現代中国の学者・汪受寛《おうじゅかん》氏は、この章について自著『孝経訳注』において「早期儒家思想中の積極因素」であり、「本書中の最も輝かしい部分」であり、「民主思想の精華」である（同書、二〇〇四、上海古籍出版社、七十一頁）と絶賛している。ただ、『論語』衛霊公《えいれいこう》篇に「子曰《しいは》く、仁《じん》に当《あた》りては、師《し》にも譲《ゆず》らず」とあり、『礼《らい》記《き》』文王世子《ぶんおうせし》篇に「（孔子）曰《いは》く、人臣《じんしん》たる者《もの》、その身《み》を殺《ころ》し君《きみ》に益《えき》あらば、則《すなは》ち之《これ》を為《な》す。況《いは》んやその身を于《やす》くして以《もっ》てその君《きみ》を善《よ》くするをや。」とあるように、孔子は、安易な妥協を拒否する態度を、あちこちで表明していたのも事実である。『古文孝経』は、ほぼ同文で

諫争章（第二十章）とする。

＊2、**慈愛にもとづく孝行**　原文「慈愛」は、普通は親から子への愛情をいい、子から親への「孝敬《こうけい》の情」と区別するが、ここでは広く子から親への愛情をいう。

＊3、**お教えを承りました**　原文「聞命矣」は、教えを聞いて了解したという意味を表す常套句《じょうとうく》。

＊4、**大臣が七人**　唐代初期に編纂された『群書治要《ぐんしょちよう》』所収『今文孝経』の鄭注《ていちゅう》に、「七人とは、大師《たいし》・大保《たいほ》・大傅《たいふ》・左補《さほ》・右弼《ゆうひつ》・前疑《ぜんぎ》・後丞《ごじょう》を謂《い》ひ、王者《おうじゃ》を維持《いじ》し、危殆《きたい》せざらしむ」という。『群書治要』の『孝経』については、巻末の「孝経文献案内」を参照。

＊5、**諫め争わなければ**　御注に「争《あらそ》はざれば、則ち忠孝に非《あら》ず（不争則非忠孝）」というとおり、『孝経』では最大限に諫め争うように主張

する。ただし、それでも聞き入れなければ、どうするか？『礼記《らいき》』曲《きょく》礼下篇《れいかへん》に「人臣《じんしん》たるの礼《れい》、顕《あらは》には諫《いさ》めず、三《み》たび諫《いさ》めて聴《き》かれざれば、則ち之《これ》を逃《のが》る。子《こ》の親《おや》に事《つか》ふるや、三《み》たび諫《いさ》めて聴《き》かれざれば、則ち号泣《ごうきゅう》して之《これ》に随《したが》ふ」と言うとおり、君主の場合は、臣は聴きいれられなければその国を去ってもよいが、父親の場合は、子は泣いて従えともいう。だが、考えてみるまでもなく、それで家や国が亡んでは何にもならない。あくまでも結果責任を取るのであれば、本文のとおり諫め続ける事になる。それが、殷《いん》の紂王《ちゅうおう》を諫《いさ》め続けた挙句《あげく》のはてに心臓《しんぞう》を抉《えぐ》られて死んだ比干《ひかん》（紂王の叔父。『論語』微子篇《びしへん》にみえる）や、周の武王《ぶおう》を諫《いさ》めて容《い》れられず、みずから選《えら》んで西山《せいざん》にこもって餓死《がし》した伯夷《はくい》（司馬遷《しばせん》『史記《しき》』伯夷列伝《はくいれつでん》にみえる）のような悲劇に終わろうとも、である。こうした事実上《じじつじょう》の悲劇を悲劇のまま終わらせることなく、諫言思想《かんげんしそう》の勝利として観念的《かんねん》に解決するには、もはや、次章の「感応《かんおう》」という超自然的事象の援用しかないであろう。こうして『孝経』は、政治の領域から宗教へ行きつくのである。

（訓読）

曾子《そうし》曰《いは》く、

かの慈愛恭敬《じあいきようけい》、親《おや》を安《やす》んじ名《な》を揚《あ》ぐるが若《ごと》きは、則《すなは》ち命《めい》を聞《き》けり。

敢《あ》へて問《と》ふ、子《こ》、父《ちち》の令《れい》に従《したが》ふ、孝《こう》と謂《い》ふべきか、と。

子《し》曰《いは》く、

是《こ》れ何《なん》の言《げん》ぞや、是《こ》れ何《なん》の言《げん》ぞや。

昔者《むかし》　天子《てんし》に、争臣七人《そうしんななにん》有《あ》り、無道《むどう》と雖《いへど》も天下《てんか》を失《うしな》はず。

諸侯《しよこう》に、争臣五人《そうしんごにん》有《あ》り、無道《むどう》と雖《いへど》もその国《くに》を失《うしな》はず。

大夫《たいふ》に、争臣三人《そうしんさんにん》有《あ》り、無道《むどう》と雖《いへど》もその家《いえ》を失《うしな》はず。

士《し》に、争友《そうゆう》有《あ》れば、則《すなは》ち身《み》　令名《れいめい》を離《はな》れず。

父《ちち》に、争子《そうし》有《あ》れば、則《すなは》ち不義《ふぎ》に陥《おちい》らず。

故《ゆえ》に不義《ふぎ》に当《あた》れば、則《すなは》ち子《こ》以《もつ》て父《ちち》に争《あらそ》はざるべからず、臣《しん》以《もつ》て君《きみ》に争《あらそ》はざるべからず。故《ゆえ》に不義《ふぎ》に当《あた》れば、則《すなわ》ち之《これ》を争《あらそ》ふ。父《ちち》の令《れい》に従《したが》ふ、又《また》いずくんぞ孝《こう》たることを得《え》んや。

（原文）

曾子曰、

若夫慈愛恭敬、安親揚名、則聞命矣。

敢問、子從父之令、可謂孝乎。

子曰、

是何言與、是何言與。

昔者天子有爭臣七人、雖無道不失其天下。

諸侯有爭臣五人、雖無道不失其國。

大夫有爭臣三人、雖無道不失其家。

士有爭友、則身不離於令名。

父有爭子、則不陷於不義。

故當不義、則子不可以不爭於父、臣不可以不爭於君。
故當不義則爭之。從父之令、又焉得爲孝乎。

第十六章　感応《かんおう》の章

感應章　第十六

第十六章　感応《かんおう》の章

孔子先生が、こう話された。

「むかし、明徳《めいとく》のある王は、父につかえてよく孝行し、それ故《ゆえ》に天《てん》の神《かみ》につかえて天《てん》の動向《どうこう》をも明知《めいち》していた。

母につかえてよく孝行し、それ故に地の神につかえて地《ち》の様態《ようたい》をも洞察《どうさつ》していた。

家族《かぞく》内の長幼《ちょうよう》の順をよく守り、それ故《ゆえ》に世間《せけん》に出ても上下の秩序が整って治績《ちせき》があがった。

天の動向と地の様態が、よく明知洞察《めいちどうさつ》できれば、祖先の神霊《しんれい》がそれに感応《かんおう》して明らかに福祐《ふくゆう》をもたらすのだ。

故にこの上《うえ》なき天子《てんし》の身分《みぶん》だとしても、必ず尊敬《そんけい》する人がいるのである。

それは父の兄弟、伯父叔父《おじたち》をいうのである。

同じく天子が長男だとしても、必ず年長とする人がいるのである。

それは同族の諸兄《しょけい》をいうのである。

宗廟《そうびょう》に祖先を祭って敬意をつくすのは、親を忘れないからである。

自己の身を修め行動を慎むのは、先祖の名声《めいせい》を汚し功業《こうぎょう》を傷つけないかと恐れるからである。

宗廟に祖先を祭って敬意《けいい》をつくせば、先祖の霊である鬼神《かみ》がそれに感応して顕《あら》われ、福祐《ふくゆう》をもたらしてくるのだ。

つまり、孝悌《こうてい》の至情《しじょう》は、天地神霊《てんちしんれい》に通じて、遠く四方の海のはてまでも、その威光が広がって、通じないところはないのである。
これが『詩経《しきょう》』に以下のようにいう本意である。
「西《にし》ヨリ東《ひがし》ヨリ南《みなみ》ヨリ北《きた》ヨリス、思《おも》ヒトシテ服《ふく》セザルナシ。
(西から東から南から北から、有徳の君主を思い慕《した》い服従しない者はないのだ)」

（訳注）

＊1、**感応**　天地神霊《てんちしんれい》と生人《せいじん》の感応関係を説くもので、純粋で誠実な孝思想の持ち主には天地の福祐をもたらすというもの。詳しくは、次注を参照。『古文孝経』では、同題同文で第十七章におき、次に広揚名章（第十八章）をおく。

＊2、**明らかに福祐をもたらす**　御注《ぎょちゅう》に「天地《てんち》に事《つか》へて能《よ》く明察《めいさつ》ならば、則《すなは》ち神《しん》　至誠《しせい》に感《かん》じて、福祐《ふくゆう》を降《くだ》す、故《ゆえ》に彰《あらは》ると曰ふなり（事天地能明察、則神感至誠、而降福祐、故曰彰也）」とあるによる。

＊3、**伯父叔父**　原文「父」。御注に「父は、諸父《しょふ》を謂《い》ふ（父謂諸父）」とあるにより、父の兄弟・伯父叔父とした。下文の「兄」も同様に「兄は、諸兄《しょけい》を謂《い》ふ（兄謂諸兄）」とあるので、同族の諸兄とした。封建長子相続制の下では、父の死後に長男が世襲するのが普通であるか

ら、天子の位につく者には、父も兄もいないのである。しかし、父の兄弟や同族の諸兄は、在世《ざいせい》するので、御注に「皆祖考《みなそこう》の胤《いん》なり」というとおり、みな亡き同一祖先の血統をひく子孫であるから、自己の位に驕《おご》ることなく彼らを父兄と同様に尊敬《そんけい》せよ、さすれば祖先の霊も深く感動しよう、との意味である。

＊4、『詩経』　『詩経』の大雅《たいが》の文王有声《ぶんおうゆうせい》篇の詞。この詩は、『礼記《らいき》』祭義《さいぎ》篇にも引かれ「曾子《そうし》曰《いは》く、夫《そ》れ孝《こう》、之《これ》を置《お》きて天地に塞《ふさ》がり、之《これ》を溥《ひろ》めて四海に横《よこた》はる、（中略）詩に云《い》ふ、『西より東より南より北より思《おも》ひとして服せざるなし』と。此《こ》の謂《いい》なり」といって、孝の万能性を表明している。

（訓読）

子曰《しいは》く、

昔者《むかし》　明王《めいおう》　父《ちち》に事《つか》ふるに孝《こう》なり、故《ゆえ》に天《てん》に事《つか》ふるに明《めい》なり。

母《はは》に事《つか》ふるに孝《こう》なり、故《ゆえ》に地《ち》に事《つか》ふるに察《さつ》なり。

長幼《ちょうよう》　順《じゅん》あり、故《ゆえ》に上下《じょうげ》　治《おさ》まる。

天地《てんち》　明察《めいさつ》なれば、神明《しんめい》　彰《あらは》る。

故《ゆえ》に天子《てんし》と雖《いへど》も必《かなら》ず尊《とうと》ぶもの有《あ》り。父《ちち》あるを言《い》ふなり。

必《かなら》ず先《さき》んずるもの有《あ》り。兄《あに》あるを言《い》ふなり。

宗廟《そうびょう》　敬《けい》を致《いた》すは、親《おや》を忘《わす》れざるなり。

身《み》を修《おさ》め行《こう》を慎《つつし》むは、先《さき》を辱《はずかし》むるを恐《おそ》るるなり。

宗廟《そうびょう》に敬《けい》を致《いた》せば、鬼神《きしん》　著《あらは》る。

孝悌《こうてい》の至《いたり》は、神明《しんめい》に通《つう》じ、四海《しかい》に光《ひか》り、通《つう》ぜざる所《ところ》なし。

詩《し》に云《い》ふ、

西《にし》より東《ひがし》より南《みなみ》より北《きた》よりす。思《おも》ひとして服《ふく》せざるなし、と。

（原文）

子曰、

昔者明王事父孝、故事天明。

事母孝、故事地察。

長幼順、故上下治。

天地明察、神明彰矣。

故雖天子必有尊也。言有父也。

必有先也。言有兄也。

宗廟致敬、不忘親也。

脩身愼行、恐辱先也。

宗廟致敬、鬼神著矣。

孝悌之至、通於神明、光于四海、無所不通。

詩云、
自西自東自南自北、無思不服。

第十七章　君《きみ》に事《つか》ふるの章

事君章　第十七

第十七章　君《きみ》に事《つか》ふるの章

孔子先生が、こう話された。

「君子が主君につかえる場合には、御前《ごぜん》に進《すす》み出《で》ては、主君のために忠義《ちゅうぎ》を尽《つ》くそうと思い、私室《ししつ》に退出《たいしゅつ》しては、自身の過失《かしつ》を補《おぎな》おうと思うものである。主君の美点《びてん》は、ならい行《おこな》うようにし、悪《あ》しき点《てん》は、正《ただ》して救《すく》うようにする。故《ゆえ》に君臣上下《くんしんじょうげ》が、うまく親しみあい治績《ちせき》が上がるのである。

これが『詩経《しきょう》』に以下のようにいう本意である。

「心《こころ》ニ愛《あい》セバ、遐《とお》キモ謂《おも》ハズ。中心《ちゅうしん》　之《これ》ヲ蔵《ぞう》セバ、何《いずれ》ノ日《ひ》カ之《これ》ヲ忘《わす》レン。

（君主を心から愛戴《あいたい》しておれば、どんなに離れていても遠《とお》いとは思わない。

君主を心の中にしっかり抱《いだ》いていたならば、君主を忘れる日などあろうはずがない）」

（訳注）

＊1、**君に事ふる**　君主に仕《つか》える心得を簡潔《かんけつ》に述べたもので、孝行より拡大された忠義《ちゅうぎ》を本義とする。引用した詩に「中心《ちゅうしん》之《これ》を蔵《ぞう》す」とあるが、江戸時代の「忠臣蔵《ちゅうしんぐら》」の原点がここである。『古文孝経《こぶんこうきょう》』は第二十一章に同題で同文をおく。

＊2、**御前に進み出ては、**　御注の「進《すす》みて君主《くんしゅ》に見《まみ》へては」「退《しりぞ》きて私室《ししつ》に帰《かへ》りては」とあるによる。「退く」を辞職すると解する説もある。なお、春秋時代に荀林父《じゅんりんほ》という人物が、こうした忠臣として「社稷《しゃしょく》の衛《まもり》（国家の守り役）」と称されたという。『春秋左氏伝《しゅんじゅうさしでん》』宣公《せんこう》十二年に「（荀《じゅん》）林父《りんほ》の君《きみ》に事《つか》ふるや、進《すす》みては忠《ちゅう》を尽《つ》くさんと思《おも》ひ、退《しりぞ》きては過《あやまち》を補《おぎな》はんと思《おも》ふ。社稷《しゃしょく》の衛《まもり》なり（林父之事君也、進思盡忠、退思補過。社稷之衛也）」とある。

＊3、**ならい行う**　御注に「将《しょう》は、行《こう》（の意）なり。君《きみ》に美《び》あれば、則《すなは》ち順《したが》ひて之《これ》を行《おこな》ふ」とあるによる。

＊4、**『詩経』**　『詩経』の小《しょう》雅《が》の湿《しつ》原《げん》篇の詞。

＊5、**遐《とお》キヲ**　御注に「遐《か》は、遠《えん》なり」といい、その意味は、「臣《しん》心《こころ》より君《きみ》を愛《あい》せば、左《さ》右《ゆう》を離《はな》るると雖も、遠《とお》しと為《な》すと謂《おも》はず。愛君《あいくん》の志《し》、恒《つね》に心中《しんちゅう》に蔵《ぞう》せば、日《ひ》として蹔《しばら》くも忘《わす》るることなければなり（臣心愛君、雖離左右、不謂爲遠。愛君之志、恒藏心中、無日蹔忘也）」とあるによった。

（訓読）

子《し》曰《いは》く、
君子《くんし》の上《うえ》に事《つか》ふるや、進《すす》みては忠《ちゅう》を尽《つ》くさんと思《おも》ひ、
退《しりぞ》きては過《あやまち》を補《おぎな》はんと思《おも》ふ。
その美を将順《しょうじゅん》し、その悪《あく》を匡救《きょうきゅう》す。
故《ゆえ》に上下《じょうげ》能《よ》く相親《あいした》しむ。
詩《し》に云《い》ふ、
心《こころ》に愛《あい》せば、遐《とお》しと謂《おも》はず。中心《ちゅうしん》之《これ》を蔵《ぞう》せば、
何《いずれ》の日《ひ》か之《これ》を忘《わす》れん、と。

（原文）

子曰、

君子之事上也、進思盡忠、退思補過。

將順其美、匡救其惡。

故上下能相親也。

詩云、

心乎愛矣、遐不謂矣。中心藏之、何日忘之。

第十八章　喪親《そうしん》の章

喪親章　第十八

第十八章　喪親《そうしん》の章

孔子先生が、こう話された。

「孝子が、親を亡《な》くしたときには、大声で哭《な》き、その泣《な》き方はぐだぐだしない。葬礼《そうれい》を行うにも、容儀《ようぎ》をつくろうことなく、言葉《ことば》を口《くち》に出すにも、無駄口《むだぐち》をたたかない。着る物も美しいものでは落《お》ちつかず、音楽《おんがく》も楽《たの》しめず、食べ物《たべもの》にもおいしさを感じない。

これが親の死を哀戚《あいせき》する孝子のまことの心情である。

葬礼《そうれい》で「親が死んだ三日後に食事をとる」というのは、死者《ししゃ》のために、生者《せいじゃ》の身体《しんたい》をそこなうことなく、悲しみの余り自分を傷《いた》めて、生命《いのち》をちぢめることのないように、人々に教えたものである。これが聖人の定めた正しいやり方である。

同じく葬礼で「喪《も》に服《ふく》する期間《きかん》は、三年《さんねん》を超《こ》えない」というのは、どんな事にも期限《きげん》のあることを、人々に示したものである。

葬儀《そうぎ》には、遺体《いたい》を納《おさ》める棺槨《かんかく》、遺体に着《き》せる斂衣《れんい》やそれを被《おお》う衾被《きんぴ》を作《つく》って遺体の納棺《のうかん》を執《と》り行い、供物《くもつ》を盛《も》る祭器《さいき》である簠簋《ほき》を並《なら》べて哀戚《あいせき》の情《じょう》にかられ、女は胸《むね》をたたき男は地団駄《じだんだ》を踏《ふ》みながら大声《おおごえ》で哭泣《な》き、悲哀《ひあい》のうちに野辺《のべ》送《おく》りをする。

野辺《のべ》には、あらかじめ占って墓穴《ぼけつ》と墓域《ぼいき》を決めておき、そこに埋葬《まいそう》する。別に宗廟《そうびょう》を立てて、親の霊《れい》が鬼神《きしん》として祭られるように安置《あんち》し、これを春と秋に祭祀《さいし》し、その時節の変わり目ごとに親への思慕《しぼ》の念にひたるのである。

すなわち、親の生前《せいぜん》には、愛敬《あいけい》の念《ねん》をもってつかえ、親の死後《しご》には、哀惜《あいせき》の念《ねん》をもって祭《まつ》る。こうして人間としての本分《ほんぶん》を尽くし、生死《せいし》の本義《ほんぎ》を全《まっと》うするのである。

以上が、孝子が親につかえるすべてである。」

（訳注）

＊1、**喪親**　両親の死後における、葬儀から祭祀までの孝子のあり方を説く。『古文孝経』もほぼ同文で巻末・第二十二章に置く。

＊2、**ぐだぐだしない**　原文「不依」。御注に「息が続くかぎり泣いて、嗚咽《おえつ》・忍び泣きなどのぐだぐだした泣き方をしない（気《き》竭《つ》きて息《そく》す、声《こえ》委曲《いきょく》せざるなり。（氣竭而息、聲不委曲也）」というによる。

＊3、**三日後に食事**　『礼記《らいき》』間伝《かんでん》篇に「斬衰《ざんさい》三日《さんにち》は食《しょく》せず（斬衰三日不食）」とある。「斬衰」は「ざんさい」とよみ、もとは三年間の親の喪《も》に服《ふく》するあいだに着る喪服のことだが、ここでは親の死をいう。親の死の悲しさで食べものがのどを通らなくとも、三日後からは食事をとれ、との義。また、『礼記』喪服四制《そうふくしせい》篇に父母の喪には「三日《さんにち》に

して粥《かゆ》を食《しょく》す」ともいう。

＊4、**正しいやり方**　原文「政也」。まつりごとのルールで、正しいやり方とした。

＊5、**三年を超えない**　『論語《ろんご》』陽貨《ようか》篇に「子《こ》生《う》まれて三年《さんねん》、然《しか》る後《のち》に父母《ふぼ》の懐《ふところ》を免《まぬが》る。それ三年の喪《も》は、天下の通喪《つうそう》なり」とあり、『礼記《らいき》』三年問篇《さんねんもん》に「それ三年の喪《も》は、天下の達喪《たつそう》なり」とある。「達（喪）」というのは、天子より庶民まで共通する規定のこと。なお、喪の三年間は、実質では二十五か月間をいう。その間、職を離れて悲哀にくれてすごすのが服喪《ふくそう》である。

＊6、**女は胸をたたき男は地団駄《ぢだんだ》を踏みながら**　原文「擗踊《へきとう》」。御注に「男踊女擗《だんとうじょへき》」とある。踊は足踏みをする、擗は胸をたたく、共に悲しみに駆られた振る舞いのこと。

＊7、**墓穴と墓域**　原文「宅兆《たくちょう》」。御注に「宅《たく》は墓穴《ぼけつ》なり、兆《ちょう》は塋域《えいいき》（墓域）なり」とある。中国では古来、死後の平安を求めて風水《ふうすい》思想による占いでの墓地の選定が行われてきた。儒教の礼は、本文のとおり孝の心を重視して、豪華な厚葬《こうそう》も質素な薄葬《はくそう》も勧《すす》めないが、富貴《ふうき》になれば、死後にも安楽《あんらく》を願い身分を越《こ》えた豪華な墓地を確保したいと思うのが世の常であろう。今日、中国大陸では中国共産党の唯物《ゆいぶつ》主義思想の後退と拝金《はいきん》主義の復活で、再びそうした傾向が見られる。

＊8、**すなわち、親の生前には**　以下は本章の結論と言うより『孝経』全体のまとめとも言える。

（訓読）

子《し》曰《いは》く、
孝子《こうし》の親《おや》を喪《うしな》ふや、哭《こく》依《い》せず、礼《れい》容《よう》なく、言《げん》文《ぶん》ならず、
美《び》を服《ふく》して安《やす》んぜず、楽《がく》を聞《き》きて楽《たの》しまず、旨《うまし》を食《くら》ひて甘《あま》からず。
此《こ》れ哀戚《あいせき》の情《じょう》なり。
三日《さんにち》にして食《しょく》するは、民《たみ》に死《し》を以《もっ》て生《せい》を傷《やぶ》ること無《な》く、
毀《こほ》つも性《せい》を滅《めつ》せざることを教《おし》ふ。
此《こ》れ聖人《せいじん》の政《せい》なり。
喪《も》、三年《さんねん》に過《す》ぎざるは、民《たみ》に終《お》はりあるを示《しめ》すなり。
これが棺槨衣衾《かんかくいきん》を為《つく》りて之《これ》を挙《あ》げ、
その簠簋《ほき》を陣《つら》ねて之《これ》を哀慼《あいせき》し、
擗踊哭泣《へきとうこくきゅう》して、哀《あい》以《もっ》て之《これ》を送《おく》る。

その宅兆《たくちょう》を卜《ぼく》して、之《これ》を安措《あんそ》し、
之《これ》が宗廟《そうびょう》を為《つく》りて、鬼《き》を以《もっ》て之《これ》を享《きょう》し、
春秋《しゅんじゅう》に祭祀《さいし》し、時《とき》を以《もっ》て之《これ》を思《おも》ふ。
生《せい》に事《つか》えて愛敬《あいけい》し、死《し》に事《つか》えて哀慼《あいせき》す。
生民《せいみん》の本《もと》　尽《つ》くし、死生《しせい》の義《ぎ》　備《そな》はれり。
孝子《こうし》の親《おや》に事《つか》ふること終《お》はる。

（原文）

子曰、
孝子之喪親也、哭不依、禮無容、言不文、服美不安、
聞樂不樂、食旨不甘。
此哀戚之情也。
三日而食、教民無以死傷生、毀不滅性。
此聖人之政也。
喪不過三年、示民有終也。
爲之棺槨衣衾而擧之、陳其簠簋而哀慼之、擗踊哭泣、
哀以送之。
卜其宅兆而安措之。
爲之宗廟、以鬼享之、

春秋祭祀、以時思之。
生事愛敬、死事哀慼。
生民之本盡矣、死生之義備矣。
孝子之事親終矣。

解説

「孝」という徳目は、『孝経』に始まるものではない。「はじめに」にも述べたように、中国古来の道徳観念であった。後漢の許慎《きょしん》『説文解字《せつもんかいじ》』（西暦紀元一〇〇年ごろ成立）によれば、その字形は、老人の「老」の下に「子」を置いたもので、子が老いた親たちに対し、支えて孝養をつくすことをいうものだった。

ここに新たな意味づけをしたのが、儒教の祖・孔子である。たとえば、『論語』学而《がくじ》篇に、「孝弟（悌）こそが、仁愛の根本である（孝弟《こうてい》なるものは、其《そ》れ仁《じん》の本《もと》たるか）」とあり、孔子の思想における「孝」は、孔子の最も主張した「仁」（愛）の思想の根本に位置しているという重要なものであった。また、『論語』為政《いせい》篇には、子游《しゆう》という弟子と孔子の以下のような問答がある。

「子游が、孝について質問した。すると孔子は、「今、世間でいう孝は、うまく親を養うことをいうにすぎない。これでは、犬や馬でも、皆うまく養っている。人としての敬意《けいい》がともなうのでなければ、どこに区別《くべつ》があろうか（子游《しゆう》、孝《こう》を問《と》ふ。子曰《しいは》く、今《いま》の孝《こう》は、是《こ》れ能《よ》く養《やしな》ふを謂《い》ふ。犬馬《けんば》に至《いた》るまで、皆《みな》よく養《やしな》ふことあり。敬《けい》せずんば、何《なに》を以《もっ》て別《わか》たんや）」

つまり「孝」は、単に老いた親を養うことではなく、必ず「敬意《けいい》」という精神が伴うというのだ。

敬意は、人の固有の精神ではあるが、具体的な行動であらわすものでもあった。同じ『論語』為政《いせい》篇のこの前後には、「孟懿子《もういし》、孝を問ふ」、「孟武伯《もうぶはく》、孝を問ふ」、「子夏《しか》、孝を問ふ」などと弟子たちの孝についての質疑応答があるが、注目されるのは、孟懿子《もういし》という孔子の生まれた魯《ろ》の国の家老が、孝について問うたときに、孔子は「礼のとおりにして、間違《まちが》えないことだ（違《たが》ふこと無し）」と答えて、さらにこういう解説をしている。

「親が生きておられるときは、礼儀作法どおりにお仕えし、亡くなられたときには、葬礼の規定どおりに葬儀をとり行い、祭祀《さいし》をつづけることだ（生《い》きては、之《これ》に事《つか》ふるに礼《れい》を以《もっ》てし、死《し》しては之《これ》を葬《ほうむ》るに礼《れい》を以《もっ》てし、之《これ》を祭《まつ》るに礼《れい》を以《もっ》てす）」

つまり、孝行《こうこう》は、礼儀という外的な形式に敬意をこめて、親の生前から死後まで一貫して仕えるというのである。これが、単なる家庭道徳でなく、儒教の政治の原理（孝治主義《こうちしゅぎ》）に拡大されたのが、『孝経』の大きな特色であるが、その点もすでに孔子の言葉にみてとれる。

すなわち、『論語』為政《いせい》篇には、孔子とある人との以下のような問答がある。

「ある人が孔子に質問してこういった、「孔子先生は、どうして政治をなさらないのです？」。すると孔子は、答えた、「古書に『孝よ孝よ、兄弟に友愛《ゆうあい》をくわえて、これを政治に施してゆけ』とありますとおり、孝行の教えもまた政治をすることになるのである。どうしてわざわざ政治をする必要があろう（或《あ》るひと孔子《こうし》に謂《い》ひて曰《いは》く、子《し》、なんぞ政《せい》を為《な》さざる？と。子曰《しいは》く、書《しょ》に云《い》ふ『孝《こう》か惟《こ》れ孝《こう》、兄弟《けいてい》に友《ゆう》に、有政《ゆうせい》に施《ほどこ》す』と。これ亦《ま》た政《せい》を為《な》すなり。なんぞ其《そ》れ政《せい》を為《な》すを為《な》さん）。」

つまり、孝の教えが政治に通じるというのである。これが、『孝経』の本文に詳しく説かれている政治理念としての「孝治主義」に発展する。

ところで、こうした孔子の孝行思想が、儒家のテキストとして一冊にまとめられたものが『孝経』である。

この『孝経』は、孔子が弟子の曾子《そうし》（名は参《しん》）に孝道を説くという構成をとっていることから、孔子の作とか曾参《そうしん》の作とか言われてきたが、年代の確実な文献で確認できるのは、戦国末期に秦の丞相だった呂不韋《ろふい》（？―前二三五）が編纂した『呂氏春秋《ろししゅんじゅう》』で、その中の「孝行覧《こうこうらん》」・「先識覧《せんしきらん》」の両篇には『孝経』経文の引用と思われる文がみえる。従って、この戦国末期に、当時の儒家たちがテキストとしていたことは明確であるが、それ以上は判らない。

その後、秦《しん》の始皇帝《しこうてい》は儒者を弾圧し、儒書の焼却を命じた。この焚書《ふんしょ》（前二一三）による弾圧にあうものの、『孝経』は顔芝《がんし》という人物が隠し持って焼却をまぬがれ、漢代に世にでたとき当時の文字「今文《きんぶん》」で書かれていたといわれる。これが漢王朝公認の大学の博士官のテキストとされた『（今文《きんぶん》）孝経』であるが、これとは別に班固《はんご》（三二―九二）の『漢書《かんじょ》』芸文志《げいもんし》（書物目録）に記録されている『古文《こぶん》孝経』全二十二章本がある。これは、前漢の景帝《けいてい》のときに魯《ろ》の孔子の旧宅《きゆうたく》の壁の中から出土し、昭帝《しょうてい》のときに宮中へ献上《けんじょう》された書物で、そのとき、孔子の子孫である孔安国《こうあんこく》という学者の注解（これを「孔伝《こうでん》」という）が付されていた。前漢の末に漢王室の秘蔵《ひぞう》書籍を整理した劉向《りゆうきょう》（前七七―前六）は、これらのテキストを校訂して繁畳《はんじょう》を除いて十八章の定本とした。これが『今文孝経』全十八章本の由来である。これに後漢の大学者・馬融《ばゆう》（七九―一六六）や鄭玄《じょうげん》（一二七―二〇〇）らが注釈を施した。

ともあれ『孝経』には、テキストとして今文・古文の二種があり（その具体的な相違については、本文中に注記した）、それが出現した漢代には儒教の五経（詩・書・礼・易・春秋の五種の根本経典）と並ぶ、高い位置を得て、広く普及した。

だが、やがて二二〇年に後漢が亡ぶと、三国争覇《そうは》の時代になり、あらたに仏教や道教が流行し、儒教が衰退していき、テキストとしての『孝経』は、さまざまな変遷をへるが、その詳しい伝承やその後の解釈書については、巻末の「孝経文献案内」を参照されたい。ここでは、本書の内容である孝行の思想を簡単に紹介する。

孝行の具体的な説明は、本文を一読されたいが、それを総合してみると、以下のようにいえるであろう。

1、孝行は、人生の始めから終わりまでを一貫する生涯《しょうがい》道徳である（第1章）。

2、孝行は、天子から庶民までが共通にする全民《ぜんみん》道徳である（第2―6章）。

3、孝行は、天地人を貫く普遍道徳であり、世界の政治的安定をはかる政治道徳でもある（第7―9、17章）。

4、孝行は、世代を繋ぐ行為規範であり、個人的には奉仕行為であるが、いずれ子孫によって奉仕される循環《じゅんかん》道徳である（第10―11、18章）。

5、孝行は、男の行為であり、天子、君主、家長など上位者が率先実行して機能する垂範《すいはん》道徳である（第12―14章）。

6、孝行は、決して服従道徳ではない。正義の判断を優先し、反論や反抗をも必要とする批判《ひはん》道徳である（第15章）。

7、孝行は、親の死後は、祖先崇拝を尊重する宗教道徳である（第17―18章）。

これらは、本文を一読して容易に読み取れるものであるが、特に政治的安定には必須《ひっす》の政治道徳とされていて、秦の「法治主義」に対抗する「孝治主義」思想である点（本書の文献案内を執筆された庄兵《しょうへい》氏の説）や、親の死後にも継続する宗教道徳である点などは重要な思想的特徴といえる。さらに特筆すべきは、第十五章の「諫言《かんげん》」、すなわち親への反論と反抗を肯定する思想があることであろう。

儒教経典『礼記《らいき》』内則篇《だいそく》にも「父母に過《あやま》ちあらば、気《き》を下《くだ》し色《いろ》を怡《よろこ》ばしめ、声《こえ》を柔《やはら》かにし以《もっ》て諫《いさ》めよ」とあり、「諫《いさ》めてもし入《い》れられざれば、超《さら》に敬《けい》し超《さら》に孝《こう》（行《こう》）せよ」として、さらに、それによって怒りをかって鞭打たれても怨《うら》むな、とまで言っている。ややもすれば、儒教の思想を絶対服従の奴隷道徳のように見る向きもあるが、その骨格にはこの「諫言《かんげん》」に見られる反抗をみとめる思想がある。

とはいえ、孝の実行は歴代王朝の推奨《すいしょう》するところであり、その代表的人物が『孝子伝《こうしでん》』『孝感伝《こうかんでん》』『孝義伝《こうぎでん》』などに収められて賞揚された。また類似の『女孝経《じょこうきょう》』や『忠経《ちゅうきょう》』も著されている。これらは、別に紹介する機会もあろう。

本書は、中国で普及し通行した『今文孝経』全十八章を全訳したものである。現在、日本で翻訳されているのは、全二十二章の『古文孝経《こぶんこうきょう》』であり、林秀一氏の『中国古典新書・孝経』（明徳出版社、一九七九）と栗原圭介氏の『新釈漢文大系・孝経』（明治書院、一九八六）とがある。本書の底本は、『漢文大系・孝経』（冨山房、一九一〇）であり、『今文孝経《きんぶんこうきょう》』は本邦初訳である。注釈は、唐の玄宗皇帝の「御注《ぎょちゅう》」を参考にして、その相違などは、そのつど注記した。なお「御注序」は、孝の思想より『孝経』の伝承に重きがおかれているので省略した。伝承の詳細は、巻末の庄兵編「孝経文献案内」及び付録「『孝経』文化史年表」を参看していただければ幸いである。

孝経文献案内

庄　兵／編

〈編者紹介〉

庄《しょう》　兵《へい》　一九六八年、中国遼寧省生まれ。
二〇〇四年、名古屋大学大学院博士課程修了。博士（文学）。
主著『孝経経学史研究―秦漢巻―』
現在、華梵大学副教授。

凡例

1、中国史上の主要な『孝経』について、その成り立ちと伝承の経過を説明した。

2、伝承の途中で散逸したものもあるが、現存するものは記した。

3、日本国内での伝承の詳細は省略したが、日本で版本のあるものは、付記した。

4、書名は、歴代異なった読み方があるものを、現在の通用の称呼に統一した。

5、末尾の「『孝経』文化史年表」では、全体に中国の王朝で区切り、その年号順にして、括弧の中に西暦を入れた。

一、『今文孝経《きんぶんこうきょう》』一巻、十八章

著者は、孔子、孔子弟子の曾子《そうし》、孔子の孫の子思《しし》、前漢の儒者など複数の説が存在するが、戦国末の儒者によるものと思われる。秦の焚書《ふんしょ》（前二一三）を免れ、前漢の河間《かかん》（今日の河北省《かほくしょう》内の河間市《かかんし》周辺）出身の学者である顔芝《がんし》により朝廷《ちょうてい》に献上《けんじょう》され、前漢の儒学博士《じゅがくはかせ》がテキストとして用いた（『隋書《ずいしょ》・経籍志《けいせきし》』）。漢代で通用の隷書《れいしょ》（これを「今文《きんぶん》」という）でかかれたもので、『今文孝経』と称される。

前漢の武帝《ぶてい》（前一四七―前八七）の時、儒学が国家の公認の学に立てられ、『詩《し》』・『書《しょ》』・『礼《れい》』・『易《えき》』・『春秋《しゅんじゅう》』の五種のテキスト「五経《ごきょう》」を教える博士官が任じられた。『今文孝経《きんぶんこうきょう》』も、それらの博士官によって伝えられ、長孫《ちょうそん》順《じゅん》、后倉《こうそう》、翼奉《よくほう》、張禹《ちょうう》などの注釈書が当時有名であった（『漢書《かんじょ》・芸文志《げいもんし》』）。前漢末に、劉向《りゅうきょう》によって更なる校訂《こうてい》が加えられ、後漢には、馬融《ばゆう》、鄭玄《じょうげん》などがこれに注釈を加えた。鄭玄の注釈以外は、亡佚《ぼういつ》した。

漢の後、鄭玄《じょうげん》の注釈した『鄭注孝経《ていちゅうこうきょう》』は、六朝《りくちょう》時代に流行していたが、唐代になると、玄宗《げんそう》の撰《せん》した『御注孝経《ぎょちゅうこうきょう》』にその主導権を奪われた。以後の宋《そう》・元《げん》・明《めい》・清《しん》の各王朝には、終始、『御注孝経』が科挙《かきょ》の教科書として用いられた。

日本では、清和《せいわ》天皇貞観《じょうがん》二年（八六〇）に『御注孝経』が採用され、江戸から幕末にわたって用いられた。今日に伝わるものは、鄭玄の『鄭注孝経《ていちゅうこうきょう》』のほか、唐の玄宗の撰した『御注孝経』が、『今文孝経』の代表書である。

二、『古文孝経《こぶんこうきょう》』一巻、二十二章

著者は不明。前漢の景帝《けいてい》（在位、前一五七—前一四一）の末年、魯《ろ》の恭王《きょうおう》が自分の宮殿を拡張するために孔子の旧宅を壊したところ壁中から現れたテキストで、先秦の古い蝌蚪《かと》文字（トカゲに似た文字。これを「古文《こぶん》」という）で書かれていたといわれ、ここから『古文孝経』と称される（『漢書《かんじょ》・芸文《げいもん》志《し》』）。

孔子より十二世の子孫である孔安国《こうあんこく》が注釈を施し、『孝経古文孔氏伝《こうきょうこぶんこうしでん》』一巻が著されたが、今日に伝わるものは魏晋《ぎしん》時代の偽作《ぎさく》である。内容は、閨門《けいもん》章の一章をのぞき、文字、章数にやや違いが存する以外、『今文孝経』と大差がない。

前漢時代には、古文孝経を含む古文経典《こぶんけいてん》は学官《がくかん》（国立大学で教える博士官）に立てられることなく、今文経典ほど重視されなかったが、前漢末に大儒の劉《りゅう》歆《きん》の提唱をきっかけに、古文経典への関心が次第に高まり、後漢時代になって今文経典と学官の座《ざ》を争うほどになった。『古文孝経』も、後漢には、著名な文字学者の許慎《きょしん》によって再編集、その子の許沖《きょちゅう》により朝廷に献上されたテキスト、桓譚《かんたん》により記された二十章本のテキストなどがあったが、すべて散逸《さんいつ》した。唐の大歴《たいれき》年間（七六六―七七九）、当時有名な古文学者の李陽氷《りようひょう》が大歴《たいれき》初年（七六六）に李士訓《りしくん》の発掘した『石函素絹古文孝経《せきかんそけん》』一巻を得て、これを朝廷に献じた。以後、この発掘本が宋代まで宮中の秘府《ひふ》（皇室図書館）に秘蔵されたものの、宋以後に亡佚した。ただし、北宋の司馬光《しばこう》（一〇一九―一〇八六）が、これを隷書体《れいしょ》に書き換《か》えて『古文孝経指解《しかい》』一巻を撰し、門人の范祖禹《はんそう》はこれを楷書体《かいしょたい》に換《か》えて、四川《しせん》省の大足《だいそく》県にある石壁《せきへき》に刻し、今日に伝わっている。

日本では、唐代に将来《しょうらい》された『古文孝経』が、絶えることなく伝承されていた。今日に伝わるものは、愛知県猿投《さなげ》神社の建久《けんきゅう》六年（一一九五）写本、兵庫県武田長兵衛《たけだちょうべえ》所蔵の仁治《にんち》二年（一二四一）写本、京都府三千院《さんぜんいん》の建治《けんち》三年（一二七七）写本など数多くある。また、一九八三年に岩手県水沢市《みずさわし》の国指定史跡・胆沢城跡《いさわじょうあと》から出土した漆紙文書《しっしもんじょ》の『古文孝経』写本が、奈良時代末のものとみられる世界最古の『孝経』写本である。

三、『孝経《こうきょう》古文《こぶん》孔氏伝《こうしでん》』一巻、二十二章

著者は不明。原著《げんちょ》は前漢の孔安国《こうあんこく》の伝（解釈）したものとされたが、今日に伝わるものは魏晋《ぎしん》時代の偽作とされる。

そもそも『孝経古文孔氏伝』は、漢代にその名を聞かず、南北朝の梁《りょう》（五〇二―五五七）の時に一時期学官《がくかん》に立てられたものの、梁末《りょうまつ》の戦乱に亡逸《ぼういつ》したらしい。再び現れたのは、隋《ずい》の開皇《かいこう》十四年（五九四）で、秘書監《ひしょかん》の王劭《おうしょう》によって京師《みやこ》の西安で発見され、劉炫《りゅうげん》に送られた。劉炫はその注釈（義疏《ぎぞ》）である『孝経述義《じゅつぎ》』を作って、民間に講じ、次第に朝廷にも知らされ、今文の『鄭注《ていちゅう》孝経』とともに再び学官に立てられた。しかし、今文を宗《むね》とする学派と対立になり、新出の『孝経古文孔氏伝』は劉炫《りゅうげん》の偽作だと疑われて、唐末に散逸《さんいつ》した。だが、それは隋唐時代に日本に伝えられてその命脈《めいみゃく》を保った。

日本では、古くから『孝経古文孔氏伝』が重視され、『御注孝経』とともに、皇室や幕府の儒教教育のテキストとして用いられた。享保《きょうほ》十七年（一七三二）に太宰春台《だざいしゅんだい》（名は純）が、この『孝経古文孔氏伝』を刊刻して普及したが、さらにこの本は中国に逆輸入され、乾隆《けんりゅう》四十一年（一七七六）鮑廷博《ほうていはく》の『知不足斎叢書《ちぶそくさい》』第一集に収載され、今日に伝わる。

四、『鄭注孝経《ていちゅうこうきょう》』一巻、十八章

後漢の鄭玄《じょうげん》（一二七―二〇〇）の撰。鄭玄は後漢の終わりに大学者として活躍したが、漢代以後、この鄭玄の学問の隆盛《りゅうせい》に伴い、『鄭注《ていちゅう》孝経』も流行し、六朝隋唐時代の官学に立てられた。だが、南斉《なんせい》の陸澄《りくちょう》から、これは鄭玄の作ではないと疑われて以後、しばしば嫌疑《けんぎ》を受け、隋唐には、『孝経古文孔氏伝』を支持した学者より激しい批判を浴びた（『唐会要《とうかいよう》』）。

唐の開元七年（七一九）に、玄宗皇帝は、この孔・鄭対立をおさめようとして、自ら『御注孝経』一巻を作り、天下に頒布《はんぷ》した。以来、『鄭注孝経』、『孝経古文孔氏伝』とも人気を失い、ついに五代の戦乱に亡佚《ぼういつ》した。

宋の雍熙《ようき》元年（九八四）、日本人の僧・奝然《ちょうねん》が、宋に入り日本に伝来していた『鄭注孝経』一巻を献じた記録があるが、この本もまたいつしか亡佚した（『宋史《そうし》・日本伝《にほんでん》』）。

しかし、清代《しんだい》になり考証学《こうしょうがく》の隆盛に伴い、漢学の大宗《だいそう》だった鄭学《ていがく》復興の気運の中で、『鄭注孝経』の輯佚書《しゅういつしょ》が次々に作られた。

日本においても、寛政《かんせい》六年（一七九四）に岡田挺之《おかだていし》（名は宜生）により、日本に伝承されていた唐初魏徴《ぎちょう》ら奉勅撰《ほうちょくせん》『群書治要《ぐんしょちよう》』中の『鄭注孝経』が刊行された。これは中国に逆輸入され鮑廷博《ほうていはく》の『知不足斎叢書《ちぶそくさいそうしょ》』二十一集に収載された。

二十世紀にはいって、一九二〇年代に、フランスのパリ国民図書館所蔵『敦《とん》煌遺書《こういしょ》』旧抄本《きゅうしょうほん》から『鄭注孝経』が発見され、日本の林秀一《はやししゅういち》氏及び台湾の陳鉄凡《ちんてつぼん》らがそれぞれ整理を加えて、『鄭注孝経』の旧貌に近いところまで復元されている。

五、『**孝経述義**《こうきょうじゅつぎ》』五巻

隋《ずい》の劉炫《りゅうげん》（生卒未詳）の撰。古文テキスト『孝経古文孔氏伝』は、南北朝

の梁の時に一時期学官《がくかん》に立てられたものの、梁末の戦乱で滅び、その後、隋代に出現した同書は、「偽作《ぎさく》」とされた。というのは、隋の劉炫《りゅうげん》という学者が、秘書監の王劭《おうしょう》というものによって長安市中で発見されたと言われる『孝経古文孔氏伝』を入手し、これに自ら注釈を施して（これを『孝経述義《こうきょうじゅつぎ》』という）民間で講じたが、それが評判をよび、学官に立てられると、学者の間では、そもそも本のテキスト自体が、劉炫の偽作だろう、とみなされたからである。そうして、中国では、この劉炫本《りゅうげんほん》『孝経古文孔氏伝』と『孝経述義』もまた、滅んで伝わらなくなった。

だが、日本では、すでに八世紀初頭に制定された大宝律令《たいほうりつりょう》に『孝経』が必読書と規定され、『鄭注孝経』と『孝経古文孔氏伝』とがそのテキストに指定された。『孝経古文孔氏伝』の参考書として『孝経述義』も用いられ長く尊重された。だが、古来日本に伝承されていたこの『孝経述義』も、また何時しか失われた。幸いにその残巻《ざんかん》と関連資料がなお多数残存したので、今日では林秀一氏の尽力でその復元本が刊行されている。詳しくは、林秀一『孝経述義復原《こうきようじゆつぎふくげん》に関する研究《けんきゆう》』（林先生学位論文出版記念会、一九五三）参照。

なお、林氏は『孝経述義』に対する考証によって、劉炫の『孝経古文孔氏伝』を偽作とはみなさずに、その本は魏の学者・王粛《おうしゆく》の『孝経』注解書だとする新説を出されている。

六、『御注孝経《ぎよちゆうこうきよう》』三巻

唐《とう》の玄宗《げんそう》皇帝（名は李《り》隆基《りゆうき》。在位、七一二—七五六）の撰。唐の開元《かいげん》七年（七一九）に、『鄭注孝経』と『孝経古文孔氏伝』の対立論争を鎮《しず》めるために、玄宗は、諸儒に詔《みことのり》して両著の是非を討論せしめた。劉知幾《りゆうちき》（六六一—七二一）は、十二の証拠をあげて『鄭注孝経』は鄭玄の著作ではないとし、劉炫の

『孔伝』を採用することを主張した。これに対して司馬貞《しばてい》は、『孝経古文孔氏伝』は劉炫の偽作だと断じ、『鄭注孝経』の採用を主張した。両者は決着《けっちゃく》が付かずに終わり、玄宗は、『鄭注孝経』、『孝経古文孔氏伝』の並置《へいち》を続けさせた。

開元《かいげん》十年（七二二）に、玄宗は『今文孝経』を主とし、古文を参考にし、孔《こう》安国《あんこく》、鄭玄《じょうげん》、王粛《おうしゅく》、韋昭《いしょう》などの諸注を参照して、自ら『御注《ぎょちゅう》孝経』一巻を撰定し、かつ学臣《がくしん》の元行沖《げんこうちゅう》に命じてその解釈書「疏《そ》」三巻を作らせ、天下に頒布《はんぷ》した。これを「開元始注本《しちゅうほん》」という。その後、天宝二年（七四三）に、「始注本」の不備を補った「天宝重注本《ちょうちゅうほん》」を撰定《せんてい》し頒布した。天宝四年（七四五）には、玄宗はこの「重注本」を石に刻して長安に立てさせた。これを『石台《せきたい》孝経』という。この『御注孝経』は、三種が作られたことになるが、これにより『孝経古文孔氏伝』、『鄭注孝経』ともに亡佚《ぼういつ》した。また「開元始注本」も失われ、「天宝重注本」だけが以後の各王朝で採用されていた。

宋《そう》の真宗《しんそう》の咸平《かんぺい》年間（九九八―一〇〇三）に、邢昺《けいへい》等が勅命《ちょくめい》を奉《ほう》じ、玄宗の「天宝重注本」を底本《そこほん》として、元行沖の「疏《そ》」を改訂し、『孝経正義《せいぎ》』三巻を撰した。清の阮元《げんげん》の『十三経注疏《じゅうさんけいちゅうそ》』の中に収める『孝経注疏《ちゅうそ》』九巻が、すなわちこれである。

また、中国本土に亡佚した「開元始注本」もまた、日本に将来《しょうらい》され今日に伝わる。中でも、京都大学付属図書館所蔵の享禄《きょうろく》四年（一五三一）三条実隆《さんじょうさねたか》手書の『御注孝経』は、現存の最古の写本である。明治十七年（一八八四）清の黎庶昌《れいしょしょう》編『古逸叢書《こいっそうしょ》』に収録された『覆巻子本唐開元御注孝経《ふくかんすぼんとうかいげん》』が、中国に逆輸入された実隆《さねたか》手書の摹刻本《もこくぼん》である。

七、『孝経刊誤《こうきょうかんご》』一巻

宋の朱熹《しゅき》（一一三〇―一二〇〇）の撰。書名の示す通り、『孝経』のテキストの誤りを正して刊行したもので、北宋の司馬光《しばこう》の『古文孝経指解《しかい》』を底本《そこほん》にし、テキストを「経《けい》」一章・「伝《でん》」十四章に分け、本文合わせて千七百八十字のうち二百二十三字を削除《さくじょ》し、それまで漢唐の間に固守《こしゅ》された「注《ちゅう》は、経《けい》を破《やぶ》らず」の伝統をかえた。

ところで、『孝経刊誤』の成立は、朱熹《しゅき》が五十九歳のとき（一一八一）であったが、その後、七十一歳で没するまでに、『孝経刊誤《かんご》』に注釈を施すこともなく、序文も書かなくて、手元に置いたままであった。朱熹の没後《ぼつご》、その子から魏了翁《ぎりょうおう》（一一七八―一二三七）に原稿が送られ、魏了翁の手によってやっと刊行された。なお、『孝経刊誤』の跋文《ばつぶん》によれば、朱子は、改経《かいけい》の罪《つみ》を恐れて、他書の文言《ぶんげん》で『孝経』の趣旨《しゅし》を発揮できるものを編んで『孝経外伝《がいでん》』を作ろうとしたが、遂に果たさずに終わったという。このことから、『孝経刊誤』

が彼の意に満たない未定稿《みていこう》であったといわれる（林秀一氏の説）。

この朱熹《しゅき》の『孝経刊誤《こうきょうかんご》』に対して、元の董鼎《とうてい》が詳細な注釈を加え、『孝経大《たい》義《ぎ》』一巻を出版した。この『孝経大義』は、その注釈において、誠実に朱熹の『孝経刊誤』を紹述《しょうじゅつ》した善本《ぜんぽん》として、中国だけではなく日本においても、寛永《かんえい》五年（一六二八）に『孝経大義』がそのまま翻刻《ほんこく》されている。そののち百年間、玄宗『御注孝経』に取ってかわるほど人気があったと言われる。

その後、中国では、清朝考証学《しんちょうこうしょうがく》の隆盛に伴い、漢唐古文《かんとうこぶん》を復興せよという気運の中で、朱熹の『孝経刊誤』は一時期、批判の的《まと》になっていたが、今日では、経学の墨守《ぼくしゅ》を打破して、『孝経』の客観的研究を開いた作として、『孝経』学史上にその名を残している。現在では、『文淵閣四庫全書《ぶんえんかくしこぜんしょ》』所収本、『経苑《けいえん》』所収本、『榕園叢書《ようえんそうしょ》』所収本、および日本の江戸期の刊本など、多数が現存する。

八、『孝経集伝《こうきょうしゅうでん》』四巻

明の黄道周《こうどうしゅう》（一五八五―一六四六）の撰。明代には、『孝経』についての多くの注釈が著されているが、その中でも黄道周《こうどうしゅう》『孝経集伝《しゅうでん》』は、「三礼《さんれい》を以て『孝経』を説き、立説《りっせつ》なお精密である」（黄壽棋《こうじゅき》『群経要略《ぐんけいようりゃく》』）と言われるとおり、明代の代表的『孝経』注釈の著作である。

黄道周は、石斎《せきさい》と号し、明の礼部尚書《れいぶしょうしょ》（文部大臣）までのぼり、侵入した満州族の支配に抵抗《ていこう》して逮捕《たいほ》処刑された。彼の書いた『孝経集伝』は、日本に伝来し、陽明学者《ようめいがくしゃ》の大塩平八郎《おおしおへいはちろう》（号は中斎《ちゅうさい》）が、目をつけて、『増補孝経彙《ぞうほこうきょうい》註《ちゅう》』に収めている。その「叙《じょ》」の中で、大塩は、黄道周の名をあげて、「黄公《こうこう》の如《ごと》きは、則ち直《じか》に能くこれ（孝）を君《きみ》に移して忠《ちゅう》なり、故にその悪を匡救《きょうきゅう》して、遂《つい》に中心に蔵《ぞう》するところの愛を以て、献身殉難《けんしんじゅんなん》し名《な》を後世に揚《あ》げ、以て父母を顕《あらは》す、実に有明一代《ゆうみんいちだい》の孝子忠臣なりき。南宋《なんそう》の文《ぶん》（天祥《てんしょう》）・謝《しゃ》（枋《ぼう》得《とく》）といえども、豈《あ》にその右《みぎ》に出《い》でんや」と言っている。大塩は、明王朝に殉《じゅん》じた黄道周自身の英雄的な行動も、実はその孝思想の実践であったと見ていた。

事実、この書は、当時の明代特有の思想すなわち人間の誰にも備わっている「良知《りょうち》を致《いた》す（良心的判断を実行に移す）」ことを「孝」とみる、王陽明《おうようめい》の所謂《いわゆる》「知行合一《ちこうごういつ》」思想の影響下の注釈であり、そこに大塩平八郎の共鳴《きょうめい》するものがあった。

なお、明末の陽明学派の孝経解釈書は、崇禎《すうてい》六年（一六三三）刊の江元祚《こうげんそ》輯『孝経大全《たいぜん》』に収められて、日本にも伝来している。また、今日に伝わる『孝経集伝』には、『石斎先生経伝《せきさいせんせいけいでん》九種』所収本、『文淵閣《ぶんえんかく》四庫全書』所収本、日本静嘉堂《せいかどう》所蔵本、内閣文庫所蔵本などがある。

付録
『孝経』文化史年表

庄 兵／編

周（前一一〇〇？～前二五六）

武王即位（前一一〇〇？）後、周公《しゅうこう》が周王朝の礼楽制度をつくり、儒教の基になる。

霊王二一年（前五五一）孔子（名は丘《きゅう》、字は仲尼《ちゅうじ》）生まれる。儒家学派が形成された。

敬王一五年（前五〇五）曾子（名は参《しん》）生まれる。一説に、孔子の教えを受けて『孝経』を撰した。

秦始皇帝一二年（前二三五）、秦の宰相・呂不韋《ろふい》が自殺。彼の編著『呂氏《ろし》春秋《しゅんじゅう》』に『孝経』の文言が見える。

秦（前二二一～前二〇七）

始皇帝三四年（前二一三）宰相《さいしょう》・李斯《りし》の建議により、書物を焼く（焚書《ふんしょ》事件）。

始皇帝三五年（前二一二）儒生《じゅせい》四百余人を穴埋《あなう》めにする（坑儒《こうじゅ》事件）。

前漢（前二〇六～八）

文帝期（前一七九～前一五七）「孝経博士」を置く。

景帝期（前一五七～前一四一）顔芝《がんし》、『今文孝経』を献上《けんじょう》する。

景帝末年（前一四一？）魯恭王《きょうおう》、孔子旧宅の壁《かべ》より『古文孝経』を発見する。

武帝・建元五年（前一三六）「五経博士《ごきょうはかせ》」を置く。儒教が国教となる。

武帝期（前一四一～前一八七）『今文孝経』が、五経博士により広まる。一説に、孔安国《こうあんこく》が『孝経古文孔氏伝《こうしでん》』を撰する。

宣帝期（前七四～前四九）長孫順《ちょうそんじゅん》・后倉《こうそう》・翼奉《よくほう》・張禹《ちょうう》、『孝経』を注釈した。

成帝期（前三三～前七）劉向《りゅうきょう》が、宮廷の秘蔵書をもとに『孝経』を校訂した。

後漢（二五〜二二〇）

和帝期（八八〜一〇五）許慎《きょしん》、『孝経孔氏古文説』を撰する。

安帝・建光元年（一二一）許沖《きょちゅう》、父許慎の『古文孝経』を献上する。

桓帝期（一四六〜一六七）馬融《ばゆう》、『孝経』を注釈。

献帝・初平二年（一九一）鄭玄《じょうげん》、『鄭注孝経《ていちゅう》』を撰する。以降、『鄭注孝経』が重視さる。

晋（二六五〜四一九）

元帝・大興二年（三一九）「孝経鄭氏博士」を置く。

孝武帝・太元元年（三七六）荀昶《じゅんちょう》が『孝経』の諸説を集め、『鄭注孝経』を注した。

南北朝（四二〇～五八九）

北魏・孝文帝期（四七一～四九九）侯伏《こうふく》などが、始めて『孝経』の訳書を作る。

北魏・孝文帝・太和年間（四七七～四九九）高昌《こうしょう》国で『孝経』の学官を置く。

斉・武帝・永明元年（四八三）『鄭注孝経』が国学テキストに指定され、陸澄《りくちょう》が反対。

梁・武帝・中大通《ちゅうだいつう》四年（五三二）「孝経助教《じょきょう》」を置く。

梁・武帝期（五〇二～五四九）『古文孝経孔氏伝』が国学テキストに指定さる。

梁末期　『古文孝経孔氏伝』戦乱に亡佚《ぼういつ》した。

隋（五八一～六一八）

文帝・開皇一四年（五九四）王劭《おうしょう》が京師《みやこ》西安にて『古文孝経孔氏伝』を発見、劉炫《りゅうげん》に送る。劉炫が『孝経述義』を撰した。

文帝・仁寿《じんじゅ》四年（六〇四）科挙《かきょ》（官吏登用試験）の制度を創設した。『鄭注孝経』・『古文孝経孔氏伝』学官で並用されるも、対立つづく。

唐（六一八～九〇七）

武后・長安元年（七〇一）日本・大宝元年、「大宝律令《たいほうりつりょう》」を制定し、『孝経』を必修書に指定した。

玄宗・開元七年（七一九）三月に、諸儒に詔《みことのり》して、孔伝・鄭注の是非《ぜひ》を質《ただ》さしめ、劉知幾《りゅうちき》と司馬貞《しばてい》が対立するも、結着つかず。同年五月、『鄭注孝経』・『古文孝経孔氏伝』を旧来どおり並用する旨を詔した。

玄宗・開元十年（七二二）玄宗『御注《ぎょちゅう》孝経』（開元始注本）を撰し、元行《げんこう》沖《ちゅう》に序《じょ》・疏《そ》の制作を詔し、天下に頒布《はんぷ》せしめた。

玄宗・天宝二年（七四三）開元始注本『孝経』を重ねて注し（天宝重注本）、天下に頒布した。

玄宗・天宝三年（七四四）玄宗、天下に『孝経』を家ごとに蔵せよとの詔を頒布した。

玄宗・天宝四年（七四五）『御注孝経』を建碑《けんぴ》した（『石台孝経《せきたいこうきょう》』という）。

粛宗《しゅくそう》・至徳二年（七五七）日本・天平宝字元年、全国の一家ごとに『孝経』を蔵せしめよとの詔勅がだされた。

代宗・大歴元年（七六六）李士訓《りしくん》が『石函素絹古文孝経《せきかんそけん》』を発掘した。

代宗・大歴年間（七六六〜七七九）李陽氷《りようひよう》が『石函素絹古文孝経』を受け、朝廷に献上した。
懿《い》宗《そう》・咸通《かんつう》元年（八六〇）日本・貞観《じようがん》二年、『御注孝経』が孔伝・鄭注の二注に代わって、必修書に指定された。

五代（六〇七〜九六〇）
五代の戦禍に『鄭注孝経』・『古文孝経孔氏伝』が亡佚《ぼういつ》した。

宋（九六〇〜一二七九）
太宗・雍熙《ようき》元年（九八四）日本・永観《えいかん》二年、日本人僧・奝然《ちようねん》が宋に入り、『鄭注孝経』一巻を献上した。
真宗・咸平《かんへい》二年（九九九）邢昺《けいへい》等が、勅命を奉じ、『御注孝経』（天宝重注本）の校訂《こうてい》を開始し、二年後に完成（これを『孝経正義《せいぎ》』という）した。

仁宗・皇祐《こうゆう》元年（一〇四九）司馬光《しばこう》が『古文孝経指解《しかい》』を撰し、秘府《ひふ》に収蔵された。

時宗・元豊八年（一〇八五）司馬光が『古文孝経指解』を再度献上した。

哲宗・元祐《げんゆう》年間（一〇五六～一〇九四）范祖禹《はんそう》が『古文孝経説』を撰し、朝廷に献上した。

孝宗・淳熙《じゅんき》八年（一一八一）朱熹《しゅき》が『孝経刊誤《かんご》』を撰し、『孝経』改経《かいけい》の道を開く。

元（一二七九～一三六七）

世祖・至元《しげん》一三年（一二七六）呉澄《ごちょう》、『孝経章句《しょうく》』を撰した。『孝経刊誤』が流行。

成宗・大徳九年（一三〇五）熊禾《ゆうか》が董鼎《とうてい》『孝経大義』に序文を撰した。

明（一三六一～一六四一）

憲宗・成化《せいか》二二年（一四八六）徐貫《じょかん》などが、董鼎『孝経大義』を家刻した。

世宗・嘉靖《かせい》九年（一五三〇）黄道周《こうどうしゅう》が『孝経集伝《しゅうでん》』を撰した。

世宗・嘉靖一〇年（一五三一）日本・享禄《きょうろく》四年、三条実隆が『御注孝経』を手書した（今日に伝わる唯一の「開元始注本」）。

神宗・万歴《まんれき》年間（一五七三～一六二〇）朱鴻《しゅこう》輯『孝経総類《そうるい》』が刊印された。

毅宗・崇禎《すうてい》元年（一六二八）日本・寛永五年、董鼎《とうてい》『孝経大義』が翻刻《ほんこく》された。

毅宗・崇禎六年（一六三三）江元祚《げんこうそ》輯『孝経大全《たいぜん》』に黄道周《こうどうしゅう》『孝経集伝』が収録される。

毅宗・崇禎一一年（一六三八）呂維祺《ろいき》が、『孝経大全』を編輯した。

毅宗・崇禎一六年（一六四三）張天維《ちょうてんい》などが、黄道周『孝経集伝』を刊印。

永明王・永歴《えいれき》一五年（一六六一）呂維祺《ろいき》輯『孝経大全』が刊印される。

清（一六六二～一九一一）

世宗・雍正《ようせい》一〇年（一七三二）日本・享保《きょうほ》一七年、太宰春台《だざいしゅんだい》が『孝経古文孔氏伝』を刻刊した。

高宗・乾隆《けんりゅう》四一年（一七七六）太宰刻刊『孝経古文孔氏伝』が、中国に

伝来し鮑廷博《ほうていはく》編『知不足斎《ちぶそくさい》叢書』第一章に収載された。

高宗・乾隆五九年（一七九四）日本・寛政六年、岡田挺之《おかだていし》が『鄭注孝経』を刻刊した。

仁宗・嘉慶《かけい》六年（一八〇一）日本・享和《きょうわ》元年、岡田刻刊『鄭注孝経』が、鮑廷博編『知不足斎叢書』第二十一集に収載された。

仁宗・嘉慶二〇年（一八一五）、阮元《げんげん》『十三経注疏《じゅうさんけいちゅうそ》』が、刊行（『孝経注疏』を収載）された。

宣宗・道光《どうこう》九年（一八二九）、阮福《げんふく》『孝経義疏補《ぎそほ》』が、完成した。

宣宗・道光一四年（一八三四）日本・天保五年、大塩平八郎が『増補孝経彙註《いちゅう》』を撰した。

徳宗・光緒《こうしょ》一〇年（一八八四）日本・明治一七年、『開元御注孝経』が、黎庶昌《れいしょしょう》編『古逸《こいつ》叢書』に収載された。

中華民国（一九一二～現在）

一九二四、日本・大正一三年、石浜純太郎《いしはまじゅんたろう》・内藤湖南《ないとうこなん》が、フランスのパリ国民図書館所蔵『敦煌遺書《とんこういしょ》』旧抄本《きゅうしょうぼん》より『鄭注孝経』を発見した。

一九五一、日本・昭和二六年、林秀一が、『孝経述義復原《こうきょうじゅつぎふくげん》に関する研究』を発表した。

一九七七、台湾の陳鉄凡《ちんてつぼん》が、『敦煌本孝経類纂《とんこうほんこうきょうるいさん》』を刊行した。

一九八七、台湾の陳鉄凡が、『孝経鄭注校證』を刊行した。

竹内弘行（たけうち・ひろゆき）

昭和19年、愛知県生まれ。
昭和49年、名古屋大学大学院博士課程中退
九州大学助手、高野山大学専任講師、名古屋学院大学助教授、名古屋大学大学院教授を歴任。
現在　名古屋大学名誉教授、博士（文学）
主著『十八史略（上・中）』〈現在、下巻を執筆中〉
（たちばな出版 タチバナ教養文庫）
『中国の儒教的近代化論』（研文出版）
『康有為と中国近代大同思想の研究』（汲古書院）
ほか

孝《こう》経《きょう》

平成19年３月31日　第１刷
平成31年２月28日　第３刷

著　者　竹内弘行
発行人　杉田百帆
発行所　株式会社　たちばな出版
〒167-0053 東京都杉並区西荻南2-20-9　たちばな出版ビル
電話 03-5941-2341（代） FAX 03-5941-2348
ホームページ　http://www.tachibana-inc.co.jp

印刷・製本　株式会社新藤慶昌堂

ISBN978-4-8133-2064-7

「タチバナ教養文庫」発刊にあたって

人は誰でも「宝」を持っているけれども、ただ漫然としていては開花しません。それには「宝」を開ける鍵が必要です。それは、他からの良い刺激（出会い）に他なりません。そんな良き刺激となる素晴らしい古典・現代の名著が集まった処…。

それを「タチバナ教養文庫」はめざしています。

伝教大師最澄は、道心のある人を「宝」といい、さらにそれをよく実践し人々に話すことのできる人を、「国宝」と呼び、そういう人材を育てようとされたのです。そして、比叡山では、真実の学問を吸収し実践した多くの「国宝」が輩出し、時代時代の宗教的リーダーとして人々を引っぱっていったのです。

当文庫は、できるだけ広い分野から著者の魂や生命の息吹が宿っている書物をお届けし、忙しい現代人が、手軽に何時でも何処でも真実の学問を吸収されることを願って発刊するものです。そして、読者の皆様が、世に有為なる「国宝」となられ、豊かで輝かしい人生を送る糧となれば幸いです。

絶版などで、手に入れにくいものでも、できる限り復刻発刊させて戴きたいので、今まで入手困難と諦めていた書物でも、どんどんリクエストして下さい。

読者の熱烈なる求道心に応え、読者とともに成長していく魅力溢れる「タチバナ教養文庫」でありたいと念願しています。

タチバナ教養文庫

神道のちから　上田賢治

神道とは何か。生活を営むうえで神道が果たす役割を説き、大胆に神道を語る。実践神学の第一人者たる著者が贈る、幸福への道標の書。

定価（本体七五七円＋税）

近思録（上）　湯浅幸孫

中国南宋の朱子とその友呂祖謙が、宋学の先輩、四子（周敦頤・張載・程顥・程頤）の遺文の中から編纂した永遠の名著。道体篇他収録。

定価（本体九五一円＋税）

近思録（中）　湯浅幸孫

十四の部門より構成され、四子の梗概はほぼこの書に尽くされ、天地の法則を明らかにした書。治国平天下之道篇他を収録。

定価（本体九五一円＋税）

近思録（下）　湯浅幸孫

「論語」「大学」「中庸」「孟子」の理解のための入門書ともなり、生き方のヒントが随所にちりばめられた不朽の名著。制度篇他収録。

定価（本体九五一円＋税）

菜根譚　吉田公平

処世の知慧を集成した哲学であり、清言集の秀逸なものとして日本において熱狂的に読まれ続けている、性善説を根底にすえた心学の箴言葉。

定価（本体九五一円＋税）

タチバナ教養文庫

洗心洞箚記（上）　吉田公平

江戸末期、義憤に駆られ「大塩の乱」を起こして果てた大塩平八郎の読書ノートであり、偉大なる精神の足跡の書。全文現代語訳、書き下し文。

定価（本体一二〇〇円＋税）

洗心洞箚記（下）　吉田公平

「救民」のために命を賭けた陽明学者、大塩平八郎の求道の書。現代語訳完結。「佐藤一斎に寄せた書簡」解説「大塩平八郎の陽明学」付き。

定価（本体一二〇〇円＋税）

臨済録　朝比奈宗源

中国の偉大な禅僧、臨済一代の言行録。語録中の王とされている。朝比奈宗源による訳註ついに復刊！生き生きとした現代語訳が特色。

定価（本体一〇〇〇円＋税）

論語　吉田公平

漢字文化圏における古典の王者。孔子が、人間らしく生きる指針を示す教養の書。時代、民族を超えて読書人の枯渇を癒してきた箴言集。

定価（本体一二〇〇円＋税）

新篇葉隠　神子侃編訳

「武士道の聖典」とされる原著から、現代に活きる百四十篇を選び、現代語訳・注・原文の順に配列。現代人にとっての「人生の指南書」。

定価（本体一三〇〇円＋税）

タチバナ教養文庫

孝経
竹内弘行

孔子が「孝」を説く、『論語』と並ぶ古典。中国で普及・通行した『今文（きんぶん）孝経』の本邦初訳。語注・訓読・原文及び解説付。

定価（本体一〇〇〇円＋税）

十八史略（上）
竹内弘行

中国の歴史のアウトラインをつかむ格好の入門書。太古より西漢まで。面白く一気に読める全文の現代語訳と書き下し文及び語注付。

定価（本体一三〇〇円＋税）

十八史略（中）
竹内弘行

西洋史と対抗する東洋史の入門書として普及した「十八史略」。東漢（後漢）より南北朝まで。文庫初の全訳。書き下し文及び語注付き。

定価（本体一三〇〇円＋税）

沢庵 不動智神妙録
池田諭訳

沢庵が剣豪・柳生但馬守に、剣禅一如を説いた渾身の書。多忙な現代人が安心立命して雄々しく生きる叡智が、ちりばめられている。

定価（本体一〇〇〇円＋税）

風姿花伝・花鏡
世阿弥
小西甚一編訳

世阿弥の代表的な能楽論書「風姿花伝」「花鏡」「能作書」を収録。世界に誇る美学のエッセンスが満載。現代語訳、原文、詳しい語注付き。

定価（本体一二〇〇円＋税）

タチバナ文芸文庫

新文章讀本

川端康成

「小説が言葉を媒体とする芸術である以上、文章、文体は重要な構成要素である。そして、小説は言葉の精髄を発揮することによって芸術として成立する」と説くノーベル賞作家の貴重な文章論。古典作品のみならず、多数の近代小説家の作品を引用して、文章の本質に迫り、美しい日本語への素直な道に読者を誘う名随筆。

定価(本体一〇〇〇円+税)

小説 桂春団治

長谷川幸延

上方落語界の爆笑王一代記。女遊び、酒、莫大な借金。だが厳しい修練から生まれた自由奔放な話術と憎めない振舞いに高座は喝采の嵐を呼んだ。落語の伝統を破壊した、天才芸人の破天荒な生涯を描く、劇作家であり、小説家であった長谷川幸延の代表作。解説『長谷川幸延大先輩に捧ぐ』藤本義一

定価(本体一三〇〇円+税)

法善寺横町

長谷川幸延

「語り継ぐ　日本人の風景」。日本人の心の底に流れる、清純でしみじみとした情愛を、淡白なユーモアにつつむ独特な語り口で描く、長谷川幸延「人情譚」傑作集。表題作ほか、「粕汁」、「舞扇」、「三階席の女」、「月の道頓堀」、「海を渡る鳥」、「さしみ皿」など、十作品を収録。

定価(本体一三〇〇円+税)